• 中国劳动关系理论与政策研究丛书 •

聚焦当代中国劳动热点问题

Focus on the Front-burner Labor Issues of Contemporary China

（2016）

冯喜良 吕国泉 主编

中国工人出版社

图书在版编目（CIP）数据

聚焦当代中国劳动热点问题. 2016 / 冯喜良，吕国泉主编. —北京：中国工人出版社，2016.12
ISBN 978-7-5008-6584-1
Ⅰ.①聚… Ⅱ.①冯…②吕… Ⅲ.①劳动关系－研究－中国 Ⅳ.①F249.26
中国版本图书馆CIP数据核字（2016）第294046号

聚焦当代中国劳动热点问题（2016）

出 版 人	芮宗金
责任编辑	罗荣波
责任校对	孙逎伟
责任印制	栾征宇
出版发行	中国工人出版社
地　　址	北京市东城区鼓楼外大街45号　邮编：100120
网　　址	http://www.wp-china.com
电　　话	（010）62005043（总编室）　（010）62005039（出版物流部） （010）82075935（工会与劳动关系分社）
发行热线	（010）62004002　（010）82081553（传真）
经　　销	各地书店
印　　刷	北京市密东印刷有限公司
开　　本	700 毫米×1000毫米　1/16
印　　张	13.25
字　　数	190千字
版　　次	2017年1月第1版　2017年1月第1次印刷
定　　价	34.00 元

本书如有破损、缺页、装订错误，请与本社出版物流部联系更换

出版说明

自2010年我们推出“聚焦当代中国劳动热点问题”系列图书以来，得到了相关领域学者和工会工作者的广泛关注。为促进全社会重视并推动和谐劳动关系的建设，2016年，我们结合产业结构调整、经济新常态、《劳动合同法》修改、群团改革等时代背景，从政治学、经济学、社会学、法学等研究视角出发，着力对产业结构调整与和谐劳动关系、雇佣关系灵活化与劳动关系规制、群团改革与工会工作等问题进行了研判，以期为构建和谐劳动关系、推动工会改革提供意见和参考。

限于篇幅所限，本书收录文章有限，参考文献从略，编辑不足之处，恳请读者指正！

目　　录

产业结构调整与和谐劳动关系

雇佣关系灵活化与劳动关系规制

群团改革与工会工作

产业结构调整与和谐劳动关系

要从战略高度看待新常态下的劳动问题

——关于当前《劳动合同法》相关争论问题的初步研究

全总《劳动合同法》专题研究课题组*

近期，《劳动合同法》再度成为争论的焦点。争论的主要问题有：第一，《劳动合同法》是否促使工资过快上涨？第二，《劳动合同法》是否增加了企业用工成本？第三，《劳动合同法》是否导致了劳动力市场僵化？争论的核心问题，从企业发展的角度看，是企业是否在用工形式上更加灵活以降低用工成本；从劳动者权益角度看，则关涉以劳动就业和劳动报酬为主要内容的劳动问题。

《劳动合同法》的争论，实质上是经济进入新常态，劳动力市场灵活性诉求和劳动关系和谐稳定诉求这一主要矛盾的集中反映。如何正确处理这一矛盾，不仅是经济政策和劳动政策问题，更是社会和政治问题。因此必须从战略高度严肃看待新常态下的劳动问题。

一、解决工资增长高于劳动生产率增长问题的根本出路

近年来，中国劳动力成本上升是人口红利消失和进入中等收入发展阶段的必然趋势；解决工资增长高于劳动生产率增长的根本出路，是提高劳

---

* 全总《劳动合同法》专题研究课题组，组长：赵世洪，副组长：吕国泉，负责人：彭恒军，成员：张立新、闫永飞、袁朝辉、赵亮亮。

动生产率，而不是降低工资增长率。

（一）工资上涨并未挤压企业的利润空间

最近几年来，中国劳动力成本呈上升趋势，但劳动报酬占比持续下降和工业部门较强的盈利能力表明，工资上涨并未挤压企业的利润空间。

1. **中国劳动力成本具有比较优势**。

当前，中国劳动力成本上升较快，制造业单位劳动力成本已高于印尼、越南等新兴市场国家。但是，与主要贸易伙伴国家制造业单位劳动力成本相比，中国劳动力成本仍具明显优势。

根据有关数据显示，农民工工资在2012年之前的10年间年均增速超过10%。1998—2011年间，制造业名义工资和实际工资平均增长率分别为13.82%和11.82%。2009—2014年，全国城镇单位就业人员平均工资年均增长11.8%，全国外出农民工工资年均增长15.1%。

从单位劳动力成本（劳动力成本与劳动生产率的比值）看，2004年以前，中国制造业单位劳动力成本是不断下降的，2004年达到最低值0.15。从2005年开始，单位劳动力成本开始缓慢回升。中国制造业劳动力成本与越南、印度、印度尼西亚等国家相比较，其差距在未来将会逐步扩大，这是因为这些新兴市场国家的薪酬增长由于劳动力供给充足而一直维持在低速水平。据测算，中国制造业劳动力成本在2012年分别是越南劳动力成本的147%及印度的138%，到2019年这一数据将分别达到177%及218%。

经济合作与发展组织国家的有关数据表明，当一个经济体进入中等收入发展阶段，制造业单位劳动力成本会呈不断上升趋势。中长期看，中国也将遵循上述发达国家规律，制造业单位劳动力成本会不断上升。但是，与主要贸易伙伴国家制造业单位劳动力成本相比，目前中国仍具有明显优势，如表1所示。

表 1　中国制造业单位劳动力成本国际比较

国别＼年份	1971	1981	1991	2001	2010	2016
德国	0.3	0.5	0.7	0.8	0.8	0.74
美国	0.3	0.6	0.7	0.7	0.6	0.69
日本		0.8	0.8	0.7	0.5	0.74
韩国	0.1	0.3	0.5	0.5	0.6	0.66
墨西哥	0.0	0.0	0.1	0.3	0.4	0.61
中国				0.25	0.22	

资料来源：根据经济合作与发展组织官网数据绘制，http：//stats. oecd. org/Index. aspx？DatasetCode = STLABOUR#

2. **中国劳动报酬占比呈下降趋势**。

虽然中国近年来工资增长较快，但劳动报酬占比一直呈下降趋势，工业部门资本回报率明显高于工资增长率，表明工资上涨并未挤压企业的利润空间。

（1）近年来中国劳动报酬占比一直呈下降趋势。

国内外学者一致认为，近年来中国劳动报酬占 GDP 的比重一直呈下降趋势。中国社科院专家按照国际通用的方法对中国劳动报酬数据进行调整后得出的结论是，按国际口径，中国劳动报酬占比在改革开放以来的大部分时间内保持了相对稳定，在 2003 年后出现明显下降。国家社会科学基金项目“我国居民收入分配份额的统计测算与提升路径研究”的结论认为，在最接近真正完整意义的口径下，1992—2012 年间中国劳动报酬占比先是平稳变动而后不断下降。目前，中国劳动报酬占比为 49.20%，比典型发达国家的平均水平 56.99% 低近 8 个百分点，而且略低于典型发展中国家 52.28% 的平均水平。GDP 包括劳动者报酬、生产税净额、资本收益三部分，劳动者报酬占比下降，表明劳动者报酬没有挤占企业的利润空间。

（2）在工业部门，资本回报率长期高于工资增长率。

根据有关数据显示，中国劳动者的劳动报酬在2002—2012年间增长率超过10%，而资本回报率在1978—2013年间虽有起伏，但长期保持在15%甚至20%以上的较高水平。工业部门的资本回报率在1998—2010年间持续上涨，达到20%。资本回报率上升，意味着企业盈利能力较强。在制造业新增加值中，利润的占比持续上升，工资占比持续下降。在1999—2007年间，制造业的企业资本报酬比重从27%提高到了37%，劳动者报酬从42%下降到了33%。工资虽然有较快增长，但是利润增长更快。

劳动报酬占比呈下降趋势和工业部门资本回报率明显高于工资增长率表明，近年来工资上涨并没有对经济格局产生明显影响。

（二）深刻认识劳动力成本上升的客观必然性

近年来，我国劳动力成本上升是劳动力供给出现转折性变化、人口红利消失的必然趋势，要深刻认识劳动力市场变化对推动劳动力成本上升的客观必然性。

1. 劳动人口比例下降，劳动参与率明显降低。

我国15~44岁的青壮年人口占总人口中的比重在2010年为48.5%，到2015年下降至45.1%，即在短短5年内就减少4500多万人。同时，我国的劳动年龄人口正在老龄化，劳动参与率明显下降。以2010年为例，40~44岁群组的劳动参与率高达90.2%，但45~49岁群组的劳动参与率降至85.1%，60~64岁群组则锐减至48.9%。这是造成劳动力供给下降的重要因素。

2. 农村剩余劳动力转移基本完成。

据估算，目前中国农村剩余劳动力占农村劳动力总数的2.1%，我国的剩余劳动力转移基本完成，这是促使劳动力工资上涨的最主要原因。根据刘易斯二元经济理论，在经济发展的初期，农村存在较大规模的隐性失业人口，当劳动力流动的障碍逐渐打破之后，剩余劳动力向城市转移。到剩余劳动力消失的阶段，会推动工资上涨。目前，我国正在经过这个剩余劳动力转移完成的拐点。

3. **劳动力需求倒逼工资上涨。**

2010 年以来，中国劳动力市场总的求人倍率一直大于 1，劳动力需求总体大于供给（如图 1 所示），成为倒逼工资上涨的主要市场因素。当前中国劳动力成本上升是在劳动力市场形势、生产和生活成本上涨以及劳动法律制度的实施等因素共同影响下发生的。但是，根本原因是我国劳动力市场出现转折性变化，必须深刻认识到劳动力市场变化对经济发展的重要影响。

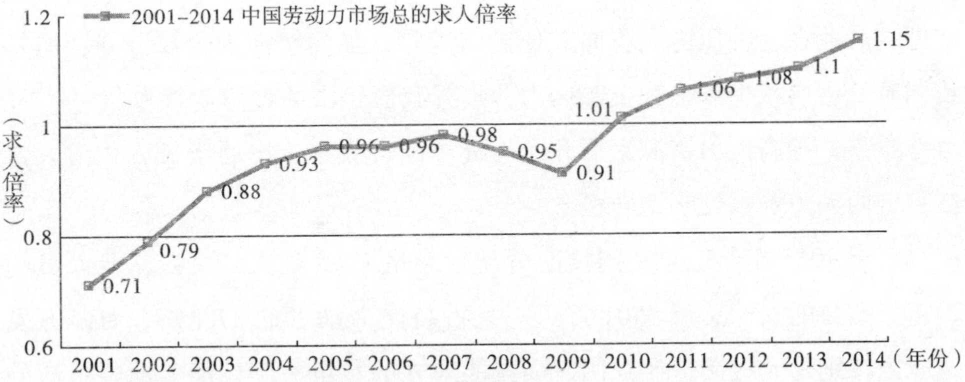

图 1　中国劳动力市场总的求人倍率（2001—2014）

资料来源：根据中国劳动力市场信息网监测中心统计数据绘制。

（三）提高劳动生产率是根本出路

要深刻认识人口红利消失条件下经济增长动力转换的内在规律，解决工资增长高于劳动生产率增长的根本出路，是提高劳动生产率，而不是降低工资增长率。而这正是坚定不移进行供给侧结构性改革、扩大中等收入群体的战略意蕴所在。

第一，技术进步是工资和利润同时快速增长的关键因素，判断工资上涨是否合理，应该重点关注企业技术进步的速度。

工业部门是技术进步发生最密集、最快的行业。由于后发优势，我国在进入21世纪以后，企业通过直接投资新的资本设备，提高了资本密集度，出现了快速的资本深化，这是我国工业技术进步的重要源泉。正是由于技术进步，在工业中，特别是制造业中，工资和利润同时快速上涨，而没有出现明显的此消彼长或相互挤压的情况。判断工资上涨是否合理，应该重点关注企业技术进步速度，不应该过分夸大工资上涨对企业造成的冲击。如果企业能继续保持较快的技术进步，就不必过分担心工资的上涨。

第二，长远看，工资上涨有助于推动企业技术升级和提升我国经济的整体竞争力。

提高工资收入，可以促进消费增长，推动企业实行技术升级，通过提高效率来改善绩效，而不是长期依赖于低工资优势。部分劳动密集型产业和低端产业在这种压力之下向其他国家迁移，虽然短期内会有阵痛，但是长期看，可以减少环境和资源压力，提升我国经济的整体竞争力。

第三，提高人力资源素质和人力资源配置效率，推动增长方式由人口红利型向人力资本红利型转换。

截至2015年年底，全国技能劳动者总量1.65亿人，仅占就业人员的20%，高技能人才总量4501万人，只占技能劳动者的27.3%。而西方发达国家特别是一些制造业强国，高技能人才的数量占到技能劳动者总数的40%以上。在人口红利消失的情况下，创新体制机制，加快提升人力资源素质和提高人力资源配置效率，是经济增长新动能的重要基础。

第四，如何处理工资增长超过劳动生产率增长问题，是中国新常态下经济社会发展的重大战略问题。

面对工资增长超过劳动生产率增长的问题，如果通过放松《劳动法》对劳动者的保护力度，降低工资增长率，会进一步加剧收入两极分化，必然滑入“中等收入陷阱”；同时会引发大量劳资冲突，影响社会和政治稳定。从战略上看，收入两极分化较之工资增长超过劳动生产率增长问题更为突出，因为收入两极分化问题由来已久且相当严重，而工资增长超过劳动生产率增长在近几年才出现，一定意义上是对以往低工资增长模式的矫正，尚未达到严重程度。

二、交易成本高企是企业经营困难的重要因素

关于企业经营困难的影响因素，企业反映较多的是《劳动合同法》实施对企业具体用工成本的增加，并集中于工资成本、社会保险成本、终止/解除劳动合同成本的提高。但是课题组分析发现，《劳动合同法》实施对劳动力成本上升的影响比较有限，真正对企业运营成本构成影响的是融资、税费、物流、要素等交易成本的上升，也正是供给侧结构性改革中“降成本”的主要领域。

（一）企业融资成本高

据统计，中国中小企业融资成本大概为20%～50%，而美国中小企业的融资成本是10%左右；大型企业在中国的融资成本是6.5%，而在美国，类似企业的融资成本是2%。实际上，中国经济的缓慢衰退正是从各种社会成本的高企开始的。2013年，中国的商业银行全年净利润高达1.42万亿元人民币，银行业存在的乱收费现象导致一些企业贷款成本上浮15%，甚至20%。总体而言，实体经济的融资成本偏高，银行业的利润偏厚，金融业的利润挤压了产业资本的利润，伤害了实体经济。2014年，中国上榜世界500强企业总利润的一半以上来自于11家上榜银行，而在金融市场高度发达的美国，其上榜金融机构的利润占比只有一成左右。国内A股最赚钱的10家上市银行2015年的净利润，是已披露业绩并盈利的1924家上市公司利润总额的一半，亦即10家上市银行的利润与其余1914家上市公司的盈利总额对等。

（二）企业税费负担高

中国税负结构不合理，直接税比重低，间接税比重高，处于盈亏边缘

和产业链低端的企业税负痛感强烈。2013 年中国上市公司协会发布报告显示：一是企业缴税占营业收入近 10%；二是全国 2400 多家上市公司中有 100 多家公司上缴的税费是其净利润的 5 倍以上；三是在 1539 家受访企业中，有 93% 的企业认为应将降低企业税负、简化税种作为税收体制改革的一项重要任务。小微企业的情况更令人担忧，部分地区小微企业的显性和隐性的税费负担甚至高达 40% 左右。西南财经大学《小微企业税收政策研究报告》指出：2015 年 CHFS 数据发现，我国小微企业纳税负担高于上市公司，52% 的小微企业希望政府进一步加大税费优惠力度。

（三）企业物流成本高

中国物流与采购联合会 2014 发布的《中国采购发展报告》显示，2013 年我国社会物流总费用 10.2 万亿元，占 GDP 的比重为 18%，是美国 8.5% 的 2 倍有余，比全球平均水平高 6.5 个百分点。在发达国家，物流成本平均占成品最终成本的 10% ~15%；在发展中国家，各种低效现象导致物流成本显著增高，占成品成本的 15% ~25% 甚至更高；而中国的物流成本高达生产成本的 30% ~40%。美国一辆货车有效行驶里程平均每天达 1000 公里，而我国货车由于找货、配货时间长，空载率高达 40% 以上，有效行驶里程平均每天只有 300 公里。我国物流业的组织化、专业化、信息化程度低，物流企业多、小、散、弱的格局一直存在。截至 2013 年，我国道路货物运输经营主体超过 720 万家，平均每一个主体拥有车辆 1.55 辆，90% 的经营主体为中小型企业，承担了 90% 以上的公路货物运输业务，经营模式多为传统的单车货物运输，管理手段简单，货源组织能力差。

（四）要素成本上升

除前述劳动力成本上升以外，土地等要素成本以及环保成本都快速上升，本币实际汇率趋势性升值，构成新时期我国产业结构调整深刻而持久的驱动力量。第一，虽然2015年8月11日人民币汇率中间价形成机制改革对美元汇率短期贬值，然而过去10年，人民币对美元名义与实际汇率分别升值约30%和43%，人民币名义和实际有效汇率分别升值50%和58%。第二，全国国有土地出售价格从2003年每亩6.8万元猛烈上升到2010年每亩42.3万元，2010年亩均售价是2003年的6.2倍，七年景气扩张期年均上升29.8%。第三，生态环境压力增加并逼近红线，环保监管力度与环保成本趋势性上升。要素价格变动对结构调整产生倒逼作用，突出表现为大量加工贸易以及其他劳动密集型行业或生产区段面临紧迫调整压力。

可见，切实降低企业交易成本是实现供给侧结构性改革的重要任务，也是经济下行期为企业减负的主要方面。

三、客观分析企业灵活用工诉求

应客观分析企业的灵活用工诉求，对适合灵活用工的岗位和新经济、新业态中出现的新型用工形式及时研究并加以规制，但“灵活”用工绝不意味着滥用劳务派遣和任意解雇工人。

《劳动合同法》规定了以全日制用工为主、以灵活用工为辅的用工方式，其目的就是矫正劳动合同制度有名无实、非公企业劳动合同签订率不足20%的用工乱象。那么，《劳动合同法》的实施是否导致了劳动力市场的僵化呢?

（一）灵活用工已成为企业用工的主流方式

从《劳动合同法》实施以来的实际状况看，劳动力市场的灵活度明显上升，灵活用工已成为企业用工的主流方式，其主要表现为:

第一，农民工“短工化”现象相当普遍。据清华大学社会学系与工众网研究中心2012年研究报告显示：66%的农民工更换过工作，25%的人在近7个月内更换了工作，50%的人在近1.8年内更换了工作；农民工平均每份工作的持续时间为2年，两份工作的时间间隔约为半年多。初次就业的农民工平均每份工作能持续的时间，2000年为3.8年，到2008年缩短为1.4年。

第二，劳动合同签订率低，超过60%属于违法用工。近20年来，我国劳动力市场雇佣关系的构成中，无合同雇佣形式比重上升。2014年2亿多农民工中，与企业签订无固定期限合同的只占13.7%；2015年与雇主或单位签订劳动合同的农民工比重仅为36.2%，超过60%属于违法用工。

第三，劳务派遣超出临时性、辅助性的岗位规定，主营岗位出现滥用劳务派遣工的现象。《劳动合同法》规定少数适合劳务派遣工的岗位可使用派遣工，但是现实中大量固定用工岗位普遍使用了派遣工，劳务派遣在部分单位被滥用，损害派遣工合法权益问题比较突出。

（二）对灵活就业形式实施特别保护

应积极研究和规范新型灵活就业形式，尝试将其作为非典型劳动关系给予特别保护。随着新经济、新业态的发展，出现了很多新型灵活就业形式，灵活就业人员不断增多。从2006年起，每年灵活就业人员占城镇新增就业人数的比例都达80%以上，至2013年年末，灵活就业总人数约2.2亿人，占城镇就业总人口的63.2%。2014年2月中国就业促进会发布的《网络创业就业统计和社保研究项目报告》显示，全国仅网络创业带动的直接就业规模就接近1000万人，其中个人网店带动网络创业就业人数达600万人。新型灵活就业劳动者的工作时间、工作地点更加灵活，这类劳动者群体的从业范围和规模都在不断扩大。这些新型灵活就业形式中，在劳动关系与劳务关系、从属性劳动与独立劳动之间的许多劳动者长期处于低质量就业状态。对于这类劳动者，需要创新劳动法律的理念和具体制度，积极加以研究，纳入劳动法调整范围，尝试作为非典型劳动关系给予特别保护。

（三）从战略高度看待劳动力市场的灵活性

要从我国制造业升级和工匠精神培养的战略发展看待劳动力市场的灵活性，对企业用工的“灵活性”诉求要客观对待。企业所需的“灵活用工”主要指调岗、降薪，尤其是解雇要“灵活”。实际上，在中小微企业灵活用工已经成为主流用工形式，辞退劳动者容易，解除劳动合同也不难，因解除合同所付经济补偿金在企业成本中占比亦甚微。对“灵活用工”的呼吁，其真实原因是希望将事实上大量的非法灵活用工合法化。对那些违法甚至恶意降低用工成本、滥用劳务派遣等不正当的灵活用工，如盛行于建筑业的层层分包转包，《劳动合同法》绝不能因其灵活而放松规制。

解雇保护是劳动合同立法的一个重要原则。其根本目的在于消除企业随意解雇工人等用工的不规范性，增强劳动者岗位的稳定性和延续性。事实上，越是规范的企业，越是愿意通过无固定期限劳动合同来留住员工和人才。

值得注意的是，我国劳动力市场时至今日最大的问题仍是就业不稳定、流动太频繁。这是“工匠精神”缺失、职业忠诚度下滑的根源所在，也是阻碍我国从“制造大国”向“制造强国”转变的主要“软肋”。如何看待劳动力市场的灵活性，要从我国制造业升级和“工匠精神”培养的战略发展高度来评价和判断。

当前，企业经营出现困难，是世界经济持续低迷和我国原有经济增长模式不可持续等多方面原因造成的。将原因直接归咎于《劳动合同法》，一味强调修改甚或废弃《劳动合同法》，将会导致对当前经济、社会形势的误判。

劳动法制建设是社会主义市场经济制度自我完善的内在需要。始终坚持以人民为中心的共享发展理念，是我国劳动法制建设的根本指导思想。劳动法的立法取向就是保护劳动者，对劳动者权益起到托底的保障作用，防止经济危机向社会危机转化。因此，当前修改或修订《劳动合同法》的吁求，必须遵守发展和谐劳动关系的基本价值取向。

构建和谐劳动关系应由对立思维转向统一思维

石秀印*

据权威机构的全国监测数据，由劳动关系引发的群体事件在2015年已经变成数量占第一位的群体性事件。2014年以前的数年中，征地拆迁在各类群体性事件中所占比重最高。进入2015年之后，征地拆迁的比重降低，劳动关系群体事件上升到了第一位。这印证了中央关于“劳动关系矛盾已进入凸显期和多发期，劳动争议案件居高不下”的判断。另据深圳市某区的不完全统计，该区2015年10人以上的集体劳动争议案件同比增长114%，50人以上的集体劳动争议案件同比增长133%，都比2014年翻了一番。该区的各个街道发生的劳动关系群体事件在各类群体事件中占到90%左右。这些数据都提示我们，必须密切关注劳动关系问题，并且在构建和谐劳动关系方面取得突破。

一、对立思维导致的对立行动

对于劳资关系的矛盾上升，学界已有预言。中央党校吴忠民教授2015

* 石秀印，中国社会学会劳动社会学专业委员会会长，中国社会科学院社会学研究所研究员、教授（二级），中国社会科学院中国国情研究中心副主任、研究员，中国社会科学院研究生院研究生导师，中国社会心理学会理事。在全国核心期刊上发表文章数十篇，曾编著《当代中国社会结构》《广东贯彻落实科学发展观构建社会主义和谐社会的实践经验与理论思考》《国学与企业文化管理》《中国社会价值观变迁30年（1978—2008）》《聚焦当代中国价值观》《社会心理学》等书。

年上半年就指出，在种种社会矛盾当中，劳动关系矛盾将很快跃居第一的位置。不过，他认为这是社会转型期的必然，而笔者则认为如果思维方式正确，劳资冲突不一定必然激化。当前劳动争议事件上升的根本性原因，是思维方式或指导思想存在问题。

改革开放过程中，劳动关系领域的思维方式基本是对立思维。第一，劳资必然对立。无论企业还是政府，都认为劳资双方必然是对立的，不仅在利益上对立，而且在权力上对立。劳动者如果得到的多，企业投资者得到的必然少。第二，人工成本与企业效率对立。将企业经济效率与工人工资增长看成是一对天然的矛盾，认为工人工资增长、缴纳社会保险必定提高人工成本，降低企业效率。而企业效率降低又必然影响经济发展、政府税收。

对立思维导致了整体性的劳动关系制度设置。其中最重要的一是权力制度设置，二是利益制度设置。权力制度设置表现为“单方决定”。企业的各种权力都属于其投资者即所有人，经营者和高级管理者由所有者授权。企业的各种权力都由资方掌控，各种决定包括关乎劳动者利益的劳动雇佣、劳动报酬、劳动环境等都由资方决定，关乎劳动者权利的规章制度也由资方制定。劳动者在劳资博弈中处于劣势，难以对决定自己待遇和处境的企业决策产生影响。利益制度设置表现为“单方占有”。企业通过劳动力市场招用劳动者，给劳动者的工资是市场水平和个别议价的水平。企业如果能够每月1500元雇到工人，就不给1501元。如果在职工人提出较高的价格，则将其解雇。当政府强制性实行最低工资制度的时候，企业就把最低工资作为基本工资。同时，一些企业强硬和强烈地抵制工会组建和集体协商，一些商会强硬和强烈地抵制集体协商条例的制定和出台。通过这些方式，对企业的全部经济收益和发展成果进行“独自享有”。

资方的对立思维和“单方决定”“单方占有”，无疑被劳动者越来越清晰地感受到，从而引起劳动者思维方式的实质性变化。资方的对立思维“启蒙”和“诱导”了工人的对立思维，资方的“单方决定”“单方占有”

刺激和引导了工人的“我要决定”“我要占有”。“你不仁，我也不义”这个古老的社会关系传统又在现实中复苏，自然生长。劳动者从忍耐走向抗争，从被动维权走向主动要权，从当初一想到“挑事”就脸红到如今的“谁不去闹，谁是犯傻”。全国各地相比，珠三角地区资方的对立思维和“单方决定”“单方占有”最为突出，所对应的工人“你不仁，我也不义”和“我要决定”“我要占有”的行为也最为多见。

劳动者的对立思维表现在权利行动和利益行动两个方面。“权利行动”是国家法律（地方法规）规定了的，工人们就要求企业：①必须给（不能搪塞、拒绝）；②必须全部给（不能漏掉）；③必须足额给（不能降低水平）；④必须及时给（不能拖延）；⑤必须按工人的法律解读给（不相信企业的解读）；⑥以前没给的必须补上，不给就上访或者停工。一些地方官员描述说，工人来上访时都说“这个没给我，那个没给钱，什么都要”。企业反映说，国家或地方的新法刚出台，工人就来问：本公司为什么不执行？以前的年份没有缴纳社会保险，工人们也签了“自愿同意书”，但现在工人们强调的是：国家规定的，企业必须给缴。一些企业评价说，如今的工人不知感恩，不守诚信，不讲道德，没有底线。

劳动者的群体行动几乎都提出法外诉求，而且坚定和强烈。这对政府的依法处理提出了挑战。如果政府坚持“依法处理”，工人普遍难于接受而采取不理性方式。如果政府“妥善处理”，则必须答应其法外诉求，迫使企业拿出更多。由此，这成为劳资双方对立色彩最为浓重的领域，也成为资方“单方决定”和劳方“我要决定”、资方“单方占有”和劳方“我要占有”经常对垒和持续胶着的领域。

“对立思维”一般具有“循环刺激”的特征。资方的对立思维会刺激、启发劳方的对立思维，劳方的对立思维和对立行动会增强资方的对立思维和对立行动。对立思维和对立行动都有可能在这样的“循环刺激”中加强。

二、对立行动和各方共损

我国近期经济下行、企业关停较多，业内外人士对此给出了多种解释，其原因大到世界市场，小到技术瓶颈。同时，人工成本也被认为是重要原因，这使得企业和商会不断批评《劳动法》与《劳动合同法》。其实，真正的原因恰恰相反，正是劳动关系的对立思维和劳资双方围绕权力和利益的对垒，降低了企业的效率。一些企业劳动力成本持续上升也有权力和利益对垒的原因。

笔者的劳动关系监测数据表明了劳动关系性质—工作积极性—企业效率之间的直接正向关联。“劳动关系性质”即和谐还是对立，操作化为“是否担心拖欠工资”；“工作积极性”分为四种水平：根本没有、有一点、较高、很积极；“企业效率”的题目是“本公司近5年来的利润率如何”，前两个题目由普通员工填写，后一个内容由公司财务经理填写。统计分析显示，“十分担心”拖欠工资的工人工作积极性水平最低，其中41.1%的人“根本没有”积极性，37.5%的人“有一点”。“基本不担心”拖欠工资的工人工作积极性最高，其中48.5%的人“较高”，22.5%的人“很积极”。

表1　劳动关系性质与普通工人的工作积极性

是否担心拖欠工资	工作积极性水平（%）			
	根本没有	有一点	较高	很积极
十分担心	41.1	37.5	16.0	5.4
有点担心	22.8	46.9	26.4	3.9
不大担心	6.3	36.9	51.5	5.3
基本不担心	3.0	26.0	48.5	22.5

统计分析还显示，工作积极性高低决定着企业的经济效率。那些普通员工“根本没有”积极性的企业，近5年来的利润率有13%“持续降

低”，而员工“很积极”的企业，利润率持续降低的只有8.7%。员工“根本没有”积极性的企业，近5年来的利润率只有9.6%“持续提高”，而员工“很积极”的企业，利润率持续提高的达到了24.6%。

表2　普通工人的工作积极性与企业利润率变动

工作积极性水平	本公司近5年来的利润率（%）			
	持续降低	时降时升	基本平稳	持续提高
根本没有	13.0	22.1	55.3	9.6
有一点	18.8	16.9	47.9	16.4
较高	9.4	15.9	49.9	24.8
很积极	8.7	18.8	47.9	24.6

劳动关系是生产关系的重要组成部分。根据马克思主义原理，生产关系是生产力的决定力量，而生产力即是劳动的效率。马克思指出，我们所理解的劳动生产力（增加），是指使用一定量劳动时具有更大的效率。当生产关系中的劳资双方和谐、统一的时候，劳动者有较高的积极性，企业即具有较高的经济效率。当劳资关系不和谐、对立的时候，劳动者降低其工作积极性，企业会出现经济的低效率。这样的关系在较长的历史时期内可以反应得更明显。在其他情况相同的条件下，得以持续生存和发展的企业是劳动关系和谐、统一的企业，走向衰落和消失的是劳资关系不和谐、对立的企业。从这个角度观察，在当前经济下行、企业关停较多的背后，正是劳动关系的对立趋向。

我国几千年经验的规律性概括有“家和万事兴”的说法。当一个企业内部不和的时候，当劳资双方彼此对立、争权夺利的时候，如果还会有效率、有发展，可谓是天方夜谭。前30年的较高效率可归结为劳动者思维的模糊状态，而当其被引导为对立思维之时，这样的高效率即是不可持续的。

《中共中央、国务院关于构建和谐劳动关系的意见》（2015）指出，“劳动关系是否和谐，事关广大职工和企业的切身利益，事关经济发展与社会和谐”。劳动关系的对立趋向几乎必然性地损害经济发展，而经济发展受阻几乎必然性地影响到职工和企业的切身利益，而这又影响到劳动关系和谐与社会和谐。这一关系链条还可能出现不良循环：对立思维刺激对立行为，对立行为导致企业效率降低和关停并转，效率降低和关停并转导致工人失业，工人失业导致企业和政府的社会保障难题……这是欧洲某些国家近年来已经发生的情况。

总之，对立思维和对立行动将导致各方受损，背离共赢。中国梦不是对立思维能够实现的。

三、从对立思维转向统一思维

对立思维对于我国的劳动关系性质乃至劳资双方的利益都会有严重危害，这样的迹象正在越来越明显。“独木不成林”，我国的劳动关系思维应该抛弃对立思维，重建统一思维。

（一）何谓“统一思维”

统一思维是在“对立统一”的劳资关系中较多地看到和强调其“统一”的一面，强调其一体性、依存性和相成性，“把对立面统一起来”（列宁语）。

第一，强调一体性。劳资关系的双方都共同处于企业这个统一体中，是企业这个统一的生产（服务）体系的构件。劳方和资方尽管均具有自身的目的和利益，但都是通过组建和加入企业统一体来实现。只有企业这个内部协调的统一体才能实现生产（服务）功能，从企业外部获取资源，达到各方的共生共荣。如果没有了统一体，不仅双方都不能运作、利益不能实现，而且无论劳方还是资方本身都将不存在。这如同水可以分解成氢和氧，但是无论氢还是氧都不等于水一样。

第二，强调依存性。劳方和资方具有“不可分的联系”。二者互相依存，谁也离不开谁。资方是因占有生产资料却无劳动能力而产生，劳方是因具有劳动能力却无生产资料而产生，二者联结起来之后就形成了劳动、劳动工具、劳动对象这一完整的劳动过程，形成了现实的生产力。不可能只有资方而没有劳方，也不可能只有劳方而没有资方。

第三，强调相成性。劳资之间是“互相促成”的，其主要分为以下几种情形：一是静态促成。劳方付出劳动力，促成资本的获利和积累；资方付出生产资料，促成劳动的实现和劳方的收入。二是动态促成。资方多付给劳动报酬，劳方就会多付出劳动力，资本就能得到更多的利润和积累。劳方多付出劳动，资方就具有更高效率和收益，从而为劳方的收入增加提供条件。三是统一促成。劳资双方和谐、合作，达到较高程度的“统一”，会生产出更多的成果来，而这些成果将惠及各方，这也就是所谓的“家和万事兴”。如果对立而不统一，则结果相反，产生“舍得才能得”“将欲取之必先予之”等情况。

（二）能否转变为“统一思维”

劳资关系天然就是对立的，怎么能转向统一呢？无论资方、劳方还是地方政府，都有不少人持有这样的看法，认为这是不可能的。这属于世界观和方法论问题。世界观和方法论是一副有色眼镜，戴上红色眼镜看到的事物偏红，戴上蓝色眼镜看到的事物偏蓝。人们为什么会戴上“对立眼镜”？一是利益使然，二是认识使然。利益使然指的是当资方只局限于自身利益、追求眼前利益最大化时，会将劳资双方看成彼此独立的、分开的，劳方拿走的每一分钱都是与自己绝对不相容的对立，以致“必须借助权力迫使工人付出劳动”。而如果兼顾双方利益或关注自身长远利益时，就会看到双方的一体性、依存性和相成性。认识使然指的是是否认识到客观规律、把握到内在逻辑。如果仅凭个人经验和表面认识，所看到的就是“提高工资必然减少利润”，“对立面之间在斗争”。而如果深入认识劳资关系的客观规律和长期效应，就能“居高临下”地看到“家和万事兴”

"舍才能得"。一旦将世界观由主观转向客观、由经验转向科学，就会实现从对立思维到统一思维的转变。对立思维是不学而能的，统一思维则需要智慧。对立思维是自发形成的，统一思维则需要思想家的提炼和论证。

（三）"统一思维"以什么制度和机制体现

统一思维在制度和机制上的实现，一是协商，二是分享。

第一，协商。协商是在统一思维的框架内由劳资双方进行沟通和磋商，确定彼此在生产中投入、在分配中分享以及投入与分享之间的关系的规则。协商制度可以改变资方的"单方决定"，也可以改变劳方的"我要决定"，而将两者的决定权统一在协商程序中。协商的实践平台和具体形式分别是公开、征求、申诉、恳谈和共决。通过沟通协商和共同约定，达成对于约定规则的同意，对于合作框架的共识。在约定规则的同意和合作框架的共识的基础上，劳资双方就能各自投入资源，齐心协力。

第二，分享。分享是劳资双方共同分享企业生产和经营的成果，即根据沟通协商和约定规则，在企业总收益中分取各自应得到的部分。协商制改变资方的"单方占有"，也改变劳方比较盲目的"我要占有"。劳资同享反过来又支持劳资协商的进行。

"协商+分享"能够同时调动资方和劳方的积极性，同心协力生产更大的蛋糕，同步实现经济效率的提升和成果分享的公平。换句话说，它能够切实实现"共建共享"，"统筹处理好促进企业发展和维护职工权益的关系"。这是我国劳动关系和谐的必由之路，也是我国企业增强活力、提升全球竞争力的必由之路。改革开放以来，"协商+分享"一直是我国前进的目标，也是动员人民群众参与改革的根本动力。党的十三大、十四大、十五大、十六大、十七大报告都提出，改革开放的目的是实现"共同富裕"。即使允许一部分人先富起来，也强调"先富带动和帮助后富，逐步实现共同富裕"。党的十八大则将共同富裕提升为中国特色社会主义的根本原则。共同富裕作为统一思维的体现，为改革开放提供了充分的正当性，动员了广大群众的力量和热情。如果不是如此，改革开放就不会像现实一样顺利。共同富裕在劳资关系领域即是“协商 + 分享”，它同样会为企业发展提供充分的正当性，动员投资者、经营者和劳动者的充分积极性，成为经济持续发展的重要保证。

（四）“统一思维”如何落地

“统一思维”的落地一方面有赖于劳动关系各方都运作统一思维，另一方面也有赖于劳动关系各方都用统一思维指导行动。统一思维需要智慧和理性，资方和劳方都不一定具有所需的智慧和理性。“资强劳弱”是劳资关系的普遍现实，强资方掌握着是否接受统一思维的主动权。它可能迷恋于“单方决定”“单方占有”的时光，对统一思维“叶公好龙”。所以在这种情况下，就需要党和政府的主动作为。党和政府必须发挥主导作用，引领统一思维的形成和在企业落地。其主要包括四方面的工作：一是引导认识规律，学习科学原理；二是加强政策引导，顶层设计；三是开展专家指导，专业培训；四是树立典型示范，以良好的劳资和谐和经济效果树立信心。

（本文曾发表于《中国党政干部论坛》2016 年 04 期，入选本文时有修改）

《劳动合同法》的价值重塑与制度创新①

——基于劳动关系多元论视角

唐　鐄　刘　兰*

2006年3月，《劳动合同法（征求意见稿）》向社会公布，立刻引发了全民大讨论，此后一个月里，立法机关收到超过19万件的意见和建议，远远超过中国此前任何一部法律。在随后一年多的时间里，关于这部法律的立法讨论可谓是轰轰烈烈，立法机关也慎重地审议了四次（一般立法程序为审议三次）才于2007年6月将其颁布。从《劳动合同法》颁布到生效的这段时间里，企业和劳动者都在为应对这部法律积极地准备着，一些似乎是为了规避新法律规则的典型案例涌现出来（2007年9月，华为公司要求工龄满8年的员工先辞职，再与公司签订劳动合同，并承诺支付辞职者补偿。共有7000多名员工按照公司要求完成了辞职又入职，华为公司支付给这些员工的补偿超过10亿元）。2008年1月1日，《劳动合同法》开始施行，与此同时劳动争议大量爆发，对《劳动合同法》的质疑声音开始不绝于耳。2012年12月，这部年轻的法律被推上了修订的手术台，对其中的劳务派遣制度进行更为严格的规制。迄今为止，《劳动合同法》进入公众视线已将近10年，它的实施也超过七年。立法机关认为，《劳动合

① 本文受国家社科基金重大项目“创新中国特色劳动关系协调机制研究”（15ZDA049）资助。

* 唐鐄，经济学博士，中国人民大学劳动人事学院教授、博士生导师；刘兰，中国人民大学劳动人事学院博士研究生。

同法》的出台是为了矫正劳动关系领域出现的新问题。正如大家所看到的那样，《劳动合同法》的成长历程伴随了中国社会的产业升级转型和国际社会的经济波动，我们应当在较长的一段时期内全面检视这部法律的价值，客观评价其制度创新，才可以更好地进行制度完善。

一、问题提出

《劳动合同法》受到的关注是有目共睹的，无论法学、经济学、管理学、社会学还是其他领域，似乎人人都有话要说。随着时间的推移，大家关注的重心已经从早期对法律规则适当性的讨论、对法律实施效果的预测逐渐过渡到对法律实施效果的评价。无论在哪一研究阶段，各种争辩始终相生相伴。

对《劳动合同法》法律规则适当性的讨论中，焦点集中在以无固定期限劳动合同为代表的对企业权利进行严格限制的一些条款。常凯认为，劳动合同立法的主旨和出发点是保护劳动者，对于劳动关系的调整必须强调公权力的介入。董保华认为，倾斜保护的社会法思路应该成为《劳动合同法》的基本指导思想，但他反对将劳资冲突上升到阶级矛盾。然而，很多学者直接指出了《劳动合同法》的缺陷。谢增毅认为，《劳动合同法》在无固定期限劳动合同、劳动合同解除等方面存在不足，有待通过司法解释或立法修订予以完善；冯彦君认为，《劳动合同法》蕴含创新精神，但是立法依据缺失，倾斜保护矫枉过正，概念使用和制度安排上存在矛盾；在《劳动合同法》修订时，范围认为，该法仅对劳务派遣的部分规定予以修正，修正之内容难以达到修法之目的。这些批评既有针对《劳动合同法》立法理念的，也有针对具体制度的。

在对《劳动合同法》实施效果的预测方面，部分学者持乐观态度，但负面评价却非常尖锐。王全兴认为，在我国经济结构、经济增长方式和劳动力市场转型的过程中，《劳动合同法》的实施，将有助于完善劳动力资源配置市场化的用人机制，适度提高用工成本，并从就业数量和质量上促进就业。郑桥和姜颖指出，《劳动合同法》的出台意味着劳动法律规制的强化，劳动法律环境的改善，这对整个劳动关系的协调和稳定具有积极的促进作用。张车伟认为，《劳动合同法》的实施有利于调整中国当前状况下被扭曲的收入分配格局，不会严重损害劳动力市场的灵活性，不会增加正规企业的劳动成本，失业状况不会加剧。然而，张五常却旗帜鲜明地抛出了“劳动合同法养懒人”“无固定期限劳动合同制度将会搞垮经济”等观点。

《劳动合同法》实施以后，对其实施效果的评价开始涌现，同样出现较大分歧。主要分歧之一在于法律是否得到有效执行。郑尚元指出，公众如此关注《劳动合同法》，说明其法律价值已为社会所肯定；程延园和杨柳指出，《劳动合同法》的实施明显提高了劳动合同签订率，延长了劳动合同期限，增加了无固定期限劳动合同的数量；然而王美艳却指出，劳动者对《劳动合同法》的认知度还比较低，仍有相当比例的劳动者未签订劳动合同，外来劳动者与本地劳动者劳动合同签订率差异巨大。主要分歧之二在于对企业用工成本是否增加。李刚等指出，《劳动合同法》并没有增加守法企业的用工成本，工资上涨并非是这部法律实施的结果，这部法律的实施也没有减少劳动力市场的需求。但是，也有很多研究指向《劳动合同法》带来的负面效应。赵曙明和张捷认为，《劳动合同法》增加了企业用工成本，尤其对于是那些劳动密集型的中小企业；冯玉军和方鹏也指出，《劳动合同法》的实施使中小企业遭受困境。

对同样一部《劳动合同法》的争议如此之多，观点差异如此巨大，究其根源在于理论视角和实证样本的差异。从法学视角来看，《劳动合同法》的调整对象就是劳动关系，这是毋庸置疑的，但是劳动关系并非只具有法学范畴内的意义。劳动关系是劳资双方在工作场所形成的用工关系，劳动关系问题已经成为现代社会的一个重要方面。美国学者约翰·巴德认为，工作不只是经济交易，对人的生命和尊严的尊重，要求把工人们得到平等的待遇也作为雇佣关系的一个基本标准——自由和平等的民主思想也是这么要求的。研究劳动关系，就是要分析企业、个人、市场、制度和公共政策这些因素在实现效率、公平和参与权这三个目标的过程中分别起什么作用以及如何发挥作用。唯市场主义认为，工作场所的公平完全可以通过市场实现，工人通过流动、通过放弃他们不喜欢的工作而去追求理想的工作就是他们“发出自己声音”的具体体现。激进主义则认为如果劳动关系中的冲突是基于阶级的冲突，那么平衡财产权和劳工权只是维持资本对劳工统治地位的一种隐蔽形式。劳动关系多元论作为主流的劳动关系研究视角，与唯市场主义和激进主义有明显不同。劳动关系多元论认为劳资双方虽然有许多重要的利益共同点，双方都希望组织健康发展，但是两者的利益又明显不同并且经常会发生冲突。多元论的中心主旨是劳动关系的均衡发展，也就是劳动关系主体之间的利益均衡。

因此，科学地评价一部法律，不能仅仅局限在法律本身，也不能只是关注某一时间节点，而要从其所处的时代背景出发，在一段较长的时期内全面审视其功能和价值。本文从劳动关系多元论视角出发，指出应当依靠非市场制度来平衡劳动关系中的效率、公平与参与权，而《劳动合同法》正好充当了非市场制度这一角色，其在生产领域促效率，在分配领域促公平的价值一直以来都被忽视了。通过若干法律规范证明，《劳动合同法》并不是《劳动法》相关内容的简单扩充，而是在多个方面进行了制度创新。当然，《劳动合同法》更应当与时俱进，针对经济新常态下劳动关系的特点不断进行变革。

二、劳动关系领域为什么需要《劳动合同法》

从劳动关系多元论视角来看，劳资冲突不一定必然就是坏的事情，如果能够有效地进行冲突管理，实际上可以把劳资冲突引导成为一种积极的力量，从而促进组织的变革和组织制度的更加合理。

美国学者考特和尤伦所著《法和经济学》中提出了“规范的霍布斯定理”，其核心思想是“构建法律以使私人协商失败造成的损害最小化”。根据这个原则，设定法律的目标应当是消除社会关系中不合作所造成的破坏性。虽然“规范的霍布斯定理”是考特和尤伦在研究财产制度时提出的，但笔者认为此定理同样适用于劳动关系领域。劳资双方的矛盾是显而易见的，如果任由双方彼此争斗就会两败俱伤，因此需要承认和明确双方的权利。当事人的权利越明确，他们合作的可能性就越大；而当事人的权利越模糊，其合作的可能性就越小。在这方面，只有国家和法律才既具有使各方信息公开的权威，又能对双方合作和协议执行进行有效的监督和控制。所以在劳动关系领域，适度用国家的公力救济取代私力救济能够带来更多的经济效益。

20 世纪 90 年代以前，在实行计划经济体制的中国，通常情况下劳动力是由国家统分统配的，企业并没有太多的用工自主权，劳动者的自主择业权也非常有限。随着经济体制的改革，企业自主用工的需求越来越强烈，劳动者也渴望能够自由流动。20 世纪 80 年代初，国家开始在有限的范围内试行劳动合同制度。1995 年施行的《劳动法》规定“建立劳动关系应当订立劳动合同”，被认为是“全员劳动合同制”时代开启。《劳动法》还明确指出劳动合同是确立劳动关系的法律形式，赋予了企业较大的用工自由，增强了企业活力，同时也加速了劳动者的自由流动。《劳动法》是我国第一部调整劳动关系的基本法律，它为协调劳动关系、促进经济发展发挥了巨大作用。在随后的 10 余年里，中国经济进入高速发展的轨道，取得了世界瞩目的成就，但是《劳动法》中单薄的劳动合同制度面对中国日渐形成的“强资本、弱劳工”格局却无能为力，甚至有人认为中国经济高速发展是以牺牲劳动者利益为代价换来的，政府也开始对劳动者并未较多分享到经济发展成果的现状进行反思。在此情形下，《劳动合同法》走上了历史舞台，它试图将人们习以为常的经济增长方式扭转过来，致力于完善一系列劳动关系运行规则，使劳动者和企业之间“协商失败造成的损害最小化”，即既要把经济蛋糕做大，又要改变这个蛋糕的分割方式。

在生产领域，企业要绩效，劳动者要报酬，报酬和绩效的对等承诺和对等实现是劳动关系建立的前提，同时也是工作场所用工管理的主要矛盾和主要问题。劳动者报酬和企业绩效的同步增长，真正的幕后英雄是劳动生产率的提高，而要达到这一效果，单纯地依靠市场配置无法解决所有问题。《劳动合同法》设计的良好的制度框架可以在尊重劳动关系主体意思自治的前提下，同时约束他们（尤其是企业）的利己行为，维持劳动关系的稳定和谐，从而使劳动力与企业生产资料相结合达到“1 + 1 > 2”的效果。

在分配领域，劳动者和企业要对生产领域共同取得的成果进行合理分配，这是劳资合作继续下去的前提条件。然而，经济的高速增长并不能消除成果分配的巨大不对称，长期以来，利益的分配通常由资本决定，劳动者被忽视了。一些劳动者不但没有享受到“大于2”的那部分成果的合理份额，甚至连基本的劳动权益都被侵蚀，例如：很多劳动者长期只能获得“地板工资”（企业只支付给劳动者法定最低工资标准，俗称为“地板工资”），企业拖欠工资、不缴或者少缴社会保险费等现象大量存在。因此，《劳动合同法》首先强调将劳动者的基本权益保障落到实处，严厉处罚不执行法定劳动标准的企业；同时主张劳动者应当分享企业发展的成果，通过集体协商、民主管理等途径，实现工资的合理增长，增加劳动者的获得感。

三、《劳动合同法》的价值重塑

《劳动合同法》将“构建和发展和谐稳定的劳动关系”作为最重要的立法宗旨，即通过改变劳动者和企业的行为空间，引导双方（尤其是企业）采取谋求共存的战略，从而获得更大的利益。长期以来，对《劳动合同法》太多的质疑和争鸣，消解了我们对这部法律真正价值的认识。实际上，《劳动合同法》在生产领域促效率，在分配领域促公平，努力使劳动者和企业形成利益共同体、事业共同体、命运共同体和使命共同体，这才是这部法律的真正价值所在。

（一）利益共同体是劳动关系的物质基础

劳动者和企业形成利益共同体，是劳动关系的物质基础。劳动者求职是为了获得劳动报酬维持生活，企业雇用劳动者是为了完成生产获得利润，在劳动者与企业初次建立劳动关系时，劳动条件和劳动标准通常是通过劳动力市场机制形成的，当然，《劳动合同法》也会提出一些底线的要求，扫除双方合作的障碍。例如，《劳动合同法》第十条强调企业用工必须签订书面劳动合同，并且规定签订合同的时间节点，就是督促劳资双方将通过市场机制形成的劳动条件和劳动标准等内容固定下来，作为建立利益共同体的依据。企业想要得到劳动者的绩效承诺，就必须考虑怎样对劳动者进行报酬承诺；只有企业给予劳动者的报酬得到劳动者的认可和接受，劳动者才会产生对企业的认同和承诺。《劳动合同法》的“劳动合同的履行”部分虽然只有短短的四条，却言简意赅地指明了在“企业要绩效、员工要报酬”的目标指引下，企业和劳动者各自应当坚守的行为空间，以维护利益共同体的存在。

由于劳动者与企业之间客观上存在着直接的利益矛盾，解决这一矛盾也成为《劳动合同法》的重要任务。《劳动合同法》以劳动关系运行的时间顺序作为其逻辑结构，整部法律的指引功能非常明显，可以说是一部翔实的企业劳动合同管理操作指南。例如，《劳动合同法》第三十八条赋予劳动者“有因解除”劳动合同的权利，实际上向企业指明了在用工管理中不可逾越的边界。企业一旦实施《劳动合同法》第三十八条中的任何一项行为，劳动者的利益则受到损害，因此劳动者有权提出解除劳动合同并要求企业支付经济补偿，利益共同体将不复存在。

（二）事业共同体是劳动关系的发展战略

劳动者和企业形成事业共同体，是劳动关系的发展战略。劳动关系建立后，劳动者逐渐认同企业所提供的发展平台，把个人职业生涯规划与企业的发展结合起来，在实现企业价值的过程中实现自身的价值。企业依托劳动者形成的人力资源，实现企业发展战略，同时为劳动者提供一个好平台，在解决劳动者生存问题的基础上，更加重视劳动者的发展，以企业的发展带动员工的发展。

《劳动合同法》运用现代公司治理结构的理念，将劳动者视为企业利益相关者，让劳动者参与企业重大决策，实现体面劳动，同时有效提升了企业决策的民主性和科学性，促进了劳动者和企业的共同发展。《劳动合同法》中的劳动者在企业中不再单纯局限于被管理者的地位，而成为企业的利益相关者，有了发出自己声音的机会和途径。最典型的例子是《劳动合同法》的第四条。该条规定，用人单位在制定修改或者决定有关劳动报酬等直接涉及劳动者切身利益的规章制度或者重大事项时，应当经职工代表大会或者全体职工讨论，提出方案和意见，与工会或者职工代表平等协商确定。与传统的劳工三权中的团结权相比，这种“发出自己声音”的权利是对企业管理权的一种分享，它不是直接的管理权，也不是管理权的替代品，而是更注重劳动关系双方的共同利益与合作发展。《劳动合同法》同时还规定：听取工会或者职工的意见成为经济性裁员的法定程序；企业单方解除劳动合同应当事先将理由通知工会；企业违反集体合同，侵犯职工劳动权益的，工会可以依法要求企业承担责任，因履行集体合同发生争议，经协商解决不成的，工会可以依法申请仲裁、提起诉讼。

（三）命运共同体是劳动关系的应有之义

劳动者和企业形成了命运共同体，是劳动关系的应有之义。从劳动关系建立伊始，劳动者和企业的命运就产生了联系，双方既要共享荣耀，也要共渡难关。劳动者对企业产生归属感，深刻意识到如果没有企业的发展，劳动者的就业和生存就会成为问题，同时企业发展的过程也是劳动者自我实现的过程。企业也应当认识到，企业是劳动者创造的，如果劳动者的权益得不到保障、劳动积极性与创造性得不到激发，企业也同样没有发展前途。如果放任企业随意抛弃劳动者的行为，将使劳动者之前付出的努力化为泡影，从而动摇劳动者与企业初始合作的基础。

如果根据劳动关系运行的时间顺序把劳动合同的管理分为订立、履行（含变更）、解除（含终止）三个阶段，我们会发现《劳动合同法》在订立、解除（含终止）这首尾两阶段着墨最多，而对于历时最长的履行（含变更）阶段却只规定了寥寥数语。由此可见，劳动者的“进”和“出”，是最需要进行规范的，它对劳资双方都有影响，但影响又不是均等的。劳动者与企业的关系，不是“一对一”的关系，而是“多对一”的关系，即一个企业里多个劳动者。企业增加或减少一员受到的影响，要小于劳动者得到或失去一份工作受到的影响。劳动者的“进”，是劳资双方通过劳动力市场机制双向选择的结果；同样，劳动者的“出”也可以通过协商完成。但是，完全依靠协商并不能解决所有“出”的问题，《劳动合同法》又赋予了劳资双方可以单方解除劳动合同的权利。劳动者有单方“无因解除”劳动合同的权利；但是用人单位单方解除劳动合同，必须“事出有因”，除了《劳动合同法》第三十九条、第四十条和第四十一条规定的解除劳动合同的这些法定情形外，再无其他弹性条款可以被用人单位援引来作为解除劳动合同的依据。此时，《劳动合同法》的预测功能起到了明显的作用，劳动者除了可以根据职业生涯规划灵活使用“无因解除”劳动合同的权利外，还可以依据自身情况和企业发展情况，对自己是否符合被企业解除劳动合同的条件作出预测。当劳动者没有离职意愿，又能够判断出企业并不具备解除自己劳动合同的法定情形时，他就不会产生非自愿失业的危机感，同时也强化了对企业的归属感，劳动关系得以稳定。从长远来看，那些批评《劳动合同法》“养懒人”的观点只是一种误解，《劳动合同法》的确在帮助劳动者和企业形成命运共同体方面做出了巨大努力。

（四）使命共同体是劳动关系的理想目标

劳动者和企业形成使命共同体，是劳动关系的理想目标，是对利益共同体、事业共同体和命运共同体的价值提升。在劳动关系中，单纯地将劳动者和企业的关系定义为一种利益交换关系是远远不够的。社会的不断进步来源于劳动者的劳动创造，劳动者也应当树立为社会服务的意识，树立辛勤劳动、诚实劳动、创造性劳动的理念。企业除了追求经济利益外还应承担社会责任，保护劳动者权益是企业社会责任的重要内容。

《劳动合同法》通过劳动者权益保护，提升劳动者创造力、创新力和劳动积极性，体现其劳动价值；《劳动合同法》将经济责任和法律责任作为企业应承担的社会责任底线，还让企业意识到，企业不仅是赚钱的工具，更是推动人类社会进步的重要载体。《劳动合同法》无法回避企业裁员的问题，企业留人裁人的策略是法律无法干涉的。尽管如此，在规定企业进行经济性裁员时，除了对可以采取经济性裁员措施的企业进行严格的范围限制外，《劳动合同法》在第四十一条第二款仍然规定企业应当优先留用三类人员。虽然“优先留用”并不代表绝对的强制，但其将《劳动合同法》所倡导的人文关怀彰显无遗。

四、《劳动合同法》的制度创新

《劳动合同法》的制度体系源于1995年施行的《劳动法》，但前者并不是单纯地对后者的内容进行简单扩充，而是进行了较好的制度创新。劳动关系是劳资双方在工作场所形成的用工关系，《劳动合同法》对劳动关系的规范，核心就是对企业用工行为进行规范。首先，《劳动合同法》构建了工作场所完整的用工类型体系，明确了该法的边界；其次，《劳动合同法》在设定企业不可触碰的红线的同时，也为企业指出劳动关系管理的突破口；最后，《劳动合同法》使劳动合同管理成为中国特色劳动关系治理体系的关键角色。

（一）构建了工作场所完整的用工类型体系

针对企业的多样性和用工需求的弹性，《劳动合同法》系统梳理了用工管理流程，将具备法定劳动关系特征的用工类型（标准用工和非标准用工）纳入《劳动合同法》的调整范围，将不具备法定劳动关系特征的用工类型（劳务用工）让渡给民事法律调整，从而构建出完整的用工类型体系。

1. **标准用工**。

标准用工是指企业通过直接雇用的方式实现全日制用工，并且签订书面劳动合同，这是企业用工最基本的形式。调整劳动关系的法律规范，通常以标准用工为模板，设计出劳动关系管理的通用规则，对其他用工方式的规范都是参照标准用工进行的。《劳动合同法》第十二条设计了标准用工劳动合同的三种期限：固定期限，无固定期限和以完成一定工作任务为期限。劳动者和企业可以协商选择某一种期限，但当劳动者具备法定的条件并有签订无固定期限劳动合同的意愿时，企业应当与劳动者签订无固定期限劳动合同。

2. **非标准用工**。

非标准用工是指企业不能满足直接雇用条件或者不能满足全日制雇用条件的用工类型，主要包括直雇非全日制用工、劳务派遣和其他分离型用工。

直雇非全日制用工与标准用工一样均由企业直接雇用，他们的区别在于工作时间不同。《劳动合同法》设专节规定了非全日制用工，将非全日制用工的最长工作时间限定为每天 4 小时和每周 24 小时，以此来划分与全日制用工的界限。同时，非全日制用工可以不签订书面劳动合同，工资结算周期不超过 15 日，任何一方都可以随时终止劳动合同且无须向对方支付经济补偿，企业只需为非全日制劳动者缴纳数额很少的工伤保险费。直雇非全日制用工满足了企业灵活的用工需求，非全日制劳动者也可以选择同时为一个或多个雇主服务，实现灵活就业。

劳务派遣实现了雇用与使用的分离，《劳动合同法》设专节规定了劳务派遣。劳动者的法定雇主只承担招聘录用、订立劳动合同等事项，并不直接用工；实际用工的企业仅对劳动者进行工作场所的用工管理，但并不是劳动者的法定雇主。2008 年以后，曾有企业大量使用劳务派遣用工，甚至将已有的标准用工转化为劳务派遣用工，以此来降低人工成本。2012 年《劳动合同法》进行修订，大大提高了经营劳务派遣业务公司的条件，限制用工企业只能在临时性、替代性、辅助性的岗位上使用劳务派遣人员，用工规模受到限制，强调劳务派遣用工与标准用工的同工同酬，劳务派遣开始走向良性发展。

其他分离型用工包括企业向投资企业外派劳动者、关联企业之间借用劳动者、组织安排挂职锻炼等情形。虽然《劳动合同法》原文中并未列举其他分离型用工的具体形式。但《劳动合同法实施条例》第十条规定的“劳动者非因本人原因从原用人单位被安排到新用人单位工作”相关内容，证明了实践中其他分离型用工的存在，且对其进行了规范。

3. **劳务用工**。

劳务用工作为工作场所中用工类型的组成部分，能够满足企业因产品市场波动而产生的灵活用工需求，但并非法定的劳动关系类型，因此《劳动合同法》并不对其加以规范，而是将其让渡给民事法律调整。劳务用工主要包括劳务型直接聘用、业务外包、不适格人员从事劳动等类型。

劳务型直接聘用是指企业在劳动法的框架之外，以建立劳务关系的方式实现用工。劳务型聘用关系并不具有劳动关系的隶属性特征，其用工主体与劳动关系也不完全一致，除企业组织外，自然人也可以成为用工主体。

业务外包是指企业将部分业务发包给承包人，承包人组织人员完成生产任务。企业作为发包人，只负责生产成果的验收，不干预承包人组织生产的过程，当然也不与承包人雇用的劳动者建立劳动关系。虽然发包组织与承包人雇用的劳动者之间并不是劳动关系，但《劳动合同法》第九十四条仍规定："个人承包经营违反本法规定招用劳动者，给劳动者造成损害的，发包的组织与个人承包经营者承担连带赔偿责任。"本条规定的目的在于增加对劳动者权益的保障，避免个人承包商支付能力不足而导致劳动者权益受损。

不适格人员从事劳动，是指某些人员受特定身份的约束，无法与企业建立劳动关系，但他们仍具有劳动能力，仍可以提供劳动并为企业所用。例如退休人员被企业返聘，在校生勤工俭学和实习等等。

（二）明确了工作场所劳动关系管理的突破口

工作场所劳动关系管理是构建和谐劳动关系的前沿阵地。在劳动关系多元论的视角下，管理者和工会是两个主要的子群，因此，管理的角色更多地倾向于劝说和协调，较少地倾向于强制和控制。《劳动合同法》第四条纲领性地规定了企业通过民主程序制定和实施劳动规章制度以及劳动者通过民主程序参与决策、影响决策，这是工作场所劳动关系管理的突破口。

1. **企业通过民主程序制定和实施劳动规章制度**。

虽然企业与每个劳动者分别签订了劳动合同，但是劳动合同并不能完全取代劳动规章制度。劳动规章制度是企业正常运行的保证和劳动者行动的指南，也是企业实施奖惩的重要依据和劳资双方维权的利器。同时，劳动规章制度具有鲜明的企业特色，是企业文化的载体，成为协调劳动关系的重要手段。因此，企业不应只是被动地适应法律法规的变迁，而应当充分利用劳动规章制度，有效地实施工作场所的劳动关系管理。

《劳动合同法》第四条明确指出，涉及劳动者切身利益的规章制度，并不是由企业单方直接制定，而应是由企业与劳动者双方平等协商确定，并且在制定过程中应与全体劳动者或职工代表大会协商。在劳动规章制度的实施过程中，企业应充分保障劳动者的知情权，工会有权提出意见，针对企业劳动规章制度违法的情形，政府部门还可以进行干预。这些规定可以约束企业的恣意行为，使得劳动规章制度成为劳资双方利益妥协和利益平衡的结果，体现效率与公平的实现过程。

2. **劳动者通过民主程序参与决策、影响决策。**

同样，企业在决定和实施重大事项时，也应当履行民主程序，保证劳动者的知情权、参与权等民主权利。劳动者不再仅仅是企业决策的被动接受者，而是可以参与决策、影响决策的主动参与者。从本质上说，企业让劳动者参与决策是一种“人本管理”，使劳动者最大限度地发挥组织成员的作用，可以增加企业决策的科学性，更好地实现企业的目标。高绩效工作系统（High－Performance Work System，HPWS）非常强调员工参与，还有学者将 HPWS 解读为“高参与工作系统”（High－Participation Work System)，高参与工作系统强调知识、信息、决策权和薪酬向一般员工的转移，学者对高参与工作系统和企业绩效的关系进行了研究，验证了大量研究得出的高参与工作系统对企业绩效有积极影响的结论。在中国大背景下，很多企业由于高权力距离的特征，劳动者参与决策程度不高，对企业决策的影响更是微乎其微。因此，《劳动合同法》第四条强调企业在决定和实施重大事项时，要让劳动者充分参与决策、影响决策，从而有利于企业的长远发展。

（三）打造了具有中国特色的劳动关系治理体系

国家层面的劳动关系治理，受国家政治制度、经济状况、文化传统等的影响，具有鲜明的国家特色。从《劳动合同法》的颁布和实施可以看出，中国政府对劳动关系的治理，是从劳动合同管理入手的，将劳动关系的建立、运行、监督、调处的全过程纳入法制化轨道，发挥法治在构建和谐劳动关系中的引领和规范作用。

1. **努力实现劳动合同广覆盖**。

虽然《劳动法》早就确定了建立劳动关系应当订立书面劳动合同的要求，然而实施状况并非特别理想。根据2005年全国人大常委会执法检查组检查《劳动法》实施情况的报告反映：劳动合同签订率低、期限短、内容不规范。从检查情况看，中小型非公有制企业劳动合同签订率不到20%，个体经济组织的签订率更低。一些用人单位为规避法定义务，不愿与劳动者签订长期合同。大部分劳动合同期限在1年以内，劳动合同短期化倾向明显。有的用人单位滥用劳动合同试用期，试用期过后就不续用，以此盘剥劳动者，特别是进城务工人员。书面劳动合同的缺失，造成劳动争议发生时举证困难，往往使劳动者的基本劳动权益受损。为了破解这一难题，《劳动合同法》把实现劳动合同广覆盖当作重要任务，以前所未有的力度强调签订书面劳动合同的必要性，对不签订劳动合同的企业进行严厉处罚，却又将处罚利益巧妙地让渡给劳动者，从劳资两方面督促书面劳动合同的订立。同时，针对非全日制用工灵活性的特点，《劳动合同法》也允许企业非全日制用工订立口头劳动合同，以满足企业灵活用工的需求。通过实现劳动合同的广覆盖，从而实现劳动用工更加规范，劳动条件不断改善，劳动者的安全健康得到切实保障。

2. **坚持系统治理劳动关系**。

《劳动合同法》坚持把企业和劳动者双方依法在劳动力市场上进行双向选择作为建立劳动关系的基本方式，把双方平等自愿、协商一致作为明确权利义务、协调利益矛盾的基本方式，在尊重当事人双方意思自治的基础上，政府作为监督者，对劳资双方的行为进行指引和规范，随时纠正违法行为，并为受损害方提供救济。例如，企业和劳动者协商一致可以订立劳动合同，在法定最低工资标准之上约定劳动报酬条款；如果企业未按时足额支付劳动者劳动报酬，劳动者可以单方提出解除劳动合同并要求企业支付经济补偿，劳动行政部门除了责令企业支付劳动报酬外，还可以责令企业加付赔偿金。《劳动合同法》对劳动关系的治理是系统性的，强调企业依法用工、劳动者依法维权、政府依法行政。《劳动合同法》界定了劳动关系建立的法定标准，梳理了劳动合同的订立、履行和变更、解除和终止的程序，明确了当事人的违约责任和违法责任，既是企业用工管理的操作指南，也是劳动者的维权指南，同时还是政府依法行政的客观标尺。

3. **强调综合治理劳动关系**。

《劳动合同法》设立“特别规定”专章，将集体合同的内容纳入其中。严格来说，集体合同制度与劳动合同制度分属于两种不同类别，前者并非是后者的组成部分，《劳动法》将劳动合同与集体合同列入同一章，在标题中也将二者并列提出。《劳动合同法》将集体合同内容写入，虽其内容不如《集体合同规定》那么详尽，但也涵盖了集体合同制度的核心内容，此举的目的和意义在于强调集体合同制度在规范劳动关系中的作用是不可忽视的，倡导企业根据自身发展状况和法律要求，重点围绕薪酬、工时、休假等劳动者基本权益事项开展集体协商，签订集体合同，建立企业与劳动者共享利益的机制，从更广阔的范围看，更把行业性、区域性集体协商作为重要发展方向，以增强标杆企业的示范辐射作用，带动行业和地区的整体发展。

我国现阶段，法律强制是调整劳动关系的基本手段，但不应当作为唯一手段孤立地发挥作用，还应当积极培育其他力量，使劳动关系调整模式多元化。积极倡导企业、地区和行业通过集体协商签订集体合同，是协调劳动关系的重要形式，可以有效地维护劳动者的切身利益，并保障企业的持续健康发展，从而也实现劳动关系的综合治理。

五、对未来的展望

在市场化、工业化、城镇化、信息化、全球化等因素相互作用与叠加影响下，我国劳动关系始终处于快速动态变化过程中，新情况、新问题不断涌现。在新时期构建和谐劳动关系，还应在企业民主管理进一步实质化、优化企业发展环境等方面采取更多措施，同时关注工作行为变革带来的挑战。

（一）企业民主管理进一步实质化

如前所述，《劳动合同法》第四条纲领性地规定了企业通过民主程序制定和实施劳动规章制度以及劳动者通过民主程序参与决策、影响决策，这是工作场所劳动关系管理的突破口。企业民主管理关系到劳动者知情权、参与权、表决权和监督权是否能够真正落实，是企业在竞争中是否可持续发展的大问题，是构建和谐劳动关系的强大动力。

党的十八大报告提出："全心全意依靠工人阶级，健全以职工代表大会为基本形式的企事业单位民主管理制度，保障职工参与管理和监督的民主权利。"然而，如何将企业民主管理进一步落到实处，在理论上仍存在一些尚未解决的问题，制度建设也较为滞后。1986 年国务院发布《全民所有制工业企业职工代表大会条例》，指出企业在实行厂长负责制的同时，必须建立和健全职工代表大会制度和其他民主管理制度，保障、发挥工会组织和职工代表在审议企业重大决策、监督行政领导、维护职工合法权益等方面的权力和作用。2012 年，中央纪委、中央组织部、国务院国资委、监察部、全国总工会、全国工商联联合下发了《企业民主管理规定》，全面规范以职工代表大会为基本形式的企业民主管理制度，包括职工代表大会制度、厂务公开制度、职工董事和职工监事制度等内容。然而，这些规定都存在缺陷，《全民所有制工业企业职工代表大会条例》全面规定了职工代表大会制度，其"行政法规"的性质虽毋庸置疑，但其将适用范围划定在全民所有制工业企业，在多种所有制企业并存的今天，显得不合时宜，更使得非公有制企业建立职工代表大会制度缺乏依据；《企业民主管理规定》与时俱进，打破了企业所有制的界限，对各类企业一视同仁，认为应当普遍实行企业民主管理制度，并且丰富了企业民主管理制度的形式。然而该文件的发文机关既有国家机关又有社会团体，其性质受到质疑，影响了其作用发挥。

职工代表大会是各种所有制企业职工民主管理的基本形式，非公有制企业的职工参与管理的内容、职权和方法可以有所不同，但从制度上应当普遍实行该制度。我国多年的实践证明，职工代表大会制度在我国具有很深厚的理论、法律和实践基础。虽然，该制度最初适用于公有制企业，但就其主要理论依据及核心思想来讲，与世界上通行的企业民主制度是类似的，只是具体形式有差别。其他类型的民主管理制度也是如此。

以职工代表大会制度为基本形式的企业民主管理运作成本并不高，但是如果没有相应的法律制度作为支撑，劳动者“发出自己声音”的权利只能成为空谈。今后，应当将企业民主管理制度正式纳入国家劳动法律的立法体系，由规范的立法机关颁布位阶相对较高的规范性法律文件，彻底打破企业所有制的界限，系统梳理企业民主管理制度，尤其是将企业职工代表大会的组织建设工作落到实处，搭建劳动者行使知情权、参与权、表决权和监督权的良好平台，组织发动劳动者民主参与企业经济活动和管理活动，实施群众监督，促进企业决策民主、利益关系公平公正。

（二）优化企业发展环境

企业是就业岗位的提供者，保证就业的前提是保护企业的发展。2015 年 4 月发布的《中共中央、国务院关于构建和谐劳动关系的意见》明确提出，通过促进企业发展，为构建和谐劳动关系创造物质条件，再次强调构建和谐劳动关系必须“优化企业发展环境”。改革开放 30 多年来，企业为推动经济增长、提供就业机会作出了重大贡献，是构建和谐劳动关系所需物质条件的创造者和提供者。企业的发展环境一般主要包括舆论环境、法律和政策环境、服务支持环境等方面的内容。新的历史起点上，舆论导向一定要正确认识到企业是物质财富的创造者，是构建和谐劳动关系所需物质条件的创造者和提供者。企业合法权益包括企业的财产权、经营权、依法获得行政机关许可或者服务的权利、拒绝与抵制违法加重企业负担的权利以及法律、法规、规章规定的其他合法权益。为保护企业合法权益，改善和优化企业生产经营环境，在构建和谐劳动关系中，要努力给企业营造良好的政策和法律环境，政府应当加强和改进管理服务，减少和规范涉企行政审批事项，提高审批事项的工作效率，激发市场主体创造活力。

优化企业发展环境具体到劳动关系领域，即应当在坚持构建和谐劳动关系的前提下，适当为企业“松绑”。

2013 年 7 月，财政部经济建设司的一份报告显示：当前我国企业税费负担较重，综合考虑税收、政府性基金、各项收费和社保金等项目后的税负达 40% 左右，超过 OECD（经济合作与发展组织）国家的平均水平。近年来，我国劳动力成本不断上升，部分行业劳动力成本增长已快于劳动生产率增长。沉重的企业税负影响企业绩效，要在企业绩效与员工报酬之间寻找平衡将更加艰难。企业税负的很大一部分是社保负担，虽然从制度设计上来说，这一部分最终是为劳动者付出的，但当前的社保收付制度复杂难懂，缴费和获益之间由于存在较长时间差，很多劳动者并未真切感受到缴费贡献所带来的收益，对企业的这部分付出并不“买账”。因此，应当适时改革社保制度，拓宽社保基金的筹资渠道，不宜将过重的社保负担加载于企业之上。当然，这并非只靠《劳动合同法》能够解决，需要劳动和社会保障领域的各项制度统筹设计、综合平衡。

同时，《劳动合同法》较为关注企业蓬勃发展时要与劳动者利益分享，却较少着眼于在企业遭遇困境时如何让劳动者与企业共渡难关。虽然《劳动合同法》第四十一条规定企业在生产经营出现严重困难等情况下可以裁减人员，这种经济性裁员制度可以作为企业应对困境的一种避险措施，但当企业不愿以裁员方式应对困境或者无法达到实施经济性裁员的条件时，《劳动合同法》所能提供给企业的缓冲手段则显得非常有限了。近年来一些部门规章或者地方性法规、规章规定了企业在遭遇困境时可以采取暂缓支付工资、暂停缴纳社保等举措，但这些规定与《劳动合同法》第二十九条、第三十条的规定相抵触，有些甚至是地方政府采取的权宜之计，其实施作用非常有限。因此，未来的《劳动合同法》应当适当关注那些遭遇困境的企业并提供相应的解决方案，帮助企业渡过难关。例如，规定企业在遭遇经营困难时，除了进行经济性裁员外，还可以采用暂缓支付工资、暂停缴纳社保等措施，即通过与劳动者协商暂缓支付工资、暂停缴纳社保，而不至于形成劳动者单方提出解除劳动合同并要求支付经济补偿的法定情形。

（三）关注工作行为变革带来的挑战，创新监管理念

当前，我国正经历第二产业向第三产业的转型期，互联网加速与服务业融合，从而引发分工的深化、就业弹性系数的增加。互联网让碎片化的用工需求与供给更为高效，实现更低成本的匹配。互联网不仅在全球范围内创造更多的就业机会，同时也在优化就业结构，使传统岗位云化或消失，新岗位在云端出现，工作与闲暇的界限更加模糊化。与此同时，共享经济时代开启，民众公平、有偿地共享一切社会资源，彼此以不同的方式付出和受益，共同享受经济红利。此种共享在发展中会更多地使用到移动互联网作为媒介，平台型就业随即浮现出来。所谓平台型就业，是指两个或多个的特定群体通过互联网信息平台进行互动，从而满足所有群体的需求。在传统的就业方式下，员工受雇于特定企业，通过企业与市场进行价值交换；而平台型就业的就业者只需要通过虚拟的平台就可以与市场相连接，实现个人与市场的价值交换。

劳动法律的监管理念也应当有所创新。如前所述，《劳动合同法》只将具备法定劳动关系特征的用工类型（标准用工和非标准用工）纳入调整范围，将不具备法定劳动关系特征的用工类型（劳务用工）让渡给民事法律调整，但也有例外。《劳动合同法》第九十三条要求追究不具备合法经营资格的用人单位的违法犯罪行为的法律责任。不具备合法经营资格的用人单位当然不能属于《劳动合同法》第二条规定的“用人单位”，也无法与劳动者建立劳动关系，但是基于公平的原则，为了避免劳动者的报酬无

人支付，才规定了由该单位或者出资人支付劳动者的劳动报酬。由此可见，在特定情况下，《劳动合同法》的执行力可以延伸至不具备法定劳动关系特征的用工关系之中，但并非全面适用，仅仅涉及基本的劳动报酬、经济补偿、赔偿金及损害赔偿等方面。这个例外可以成为《劳动合同法》应对和规范新型用工行为的良好借鉴。

可以肯定的是，移动互联网飞速发展导致的生产关系变革，已经领先于制度监管，我们面对一个需要重新被定义的世界，劳动者已经不是原来的劳动者，用人单位也不再是原来的用人单位。未来的《劳动合同法》应当密切关注那些并不具备法定劳动关系特征的用工类型（例如平台型就业），坚持法律底线思维，为劳动者在劳动报酬、劳动安全等基本方面提供保护，其他则可以交给市场行为去解决。同时，未来的《劳动合同法》应保持宽容态度，不宜将参与共享经济并获得收入的所有事项都拉回到传统的标准的劳动关系规范之中，并用现行的制度框架套进去，如果那样的话，平台型就业模式又与传统就业模式别无二致，共享经济就将失去本来的意义。

六、结语

2008 年是中国经济发展史上值得书写的一年，受全球金融危机的影响，中国经济增速放缓，很多企业要么破产倒闭、要么举步维艰，失业率上升，劳动争议大量爆发，所有这些都让人联想到《劳动合同法》的施行。随着时间的推移，对《劳动合同法》的争论和指责稍微有所平息，因此我们才能冷静客观地来考量这部法律的真正价值。当前，劳动争议的数量仍在高位运行，如果我们细究一下这些争议发生的原因，就会发现半数以上的争议是关于工资和社会保险的，即还停留在法定劳动标准的执行层面。回想起当初争论得最激烈的无固定期限劳动合同制度，我们却没有发现因此而产生的大量劳动争议。

当然，法律不是万能的工具，它虽然能够改善人们自由放任的不利结果，但并不意味着它总能这样。随着时代的变迁，现行《劳动合同法》终将会完成它的历史使命，被更适合的法律制度所取代。但至少在当前，《劳动合同法》仍在治理典型劳动关系领域发挥着不可替代的作用。

（本文曾发表于《法律科学》2016 年 03 期）

供给侧结构性改革中《劳动合同法》修改问题的思考

王全兴*

在经济下行的背景下，国家提出供给侧结构性改革，《劳动合同法》也一直处在争论旋涡中，并在全国“两会”期间及前后又被推上争论的热潮。其中的亮点之一是，时任财政部部长楼继伟先生先后在清华大学演讲（2015 年 4 月 24 日）、中国经济 50 人论坛 2016 年年会演讲（2016 年 2 月 19 日）和全国“两会”答记者问（2016 年 3 月 7 日）中三次批评《劳动合同法》。

一、供给侧结构性改革对劳动法和社会保障法的要求

所谓供给侧或需求侧改革，只不过是分别从供给、需求两侧描述改革的一种视角，即指将改革的重点分别置于供给或需求体制机制的改革。从我国改革历程来观察，市场化经济体制改革就始于供给侧改革，例如，农村联产承包责任制和国有企业产权改革就属于供给侧改革，数以亿计的农

---

* 王全兴，上海财经大学法学院教授，博士生导师，中国经济法学研究会副会长，中国社会法学研究会副会长，中国劳动法学研究会副会长，中国人力资源研究会副会长。在《中国法学》《中国劳动科学》《中国劳动》等学术刊物发表经济法学论文 70 余篇、社会法学论文 50 余篇，独著、主编、合著出版专著及高校教材 10 余本，曾参加《劳动法》《就业促进法》《劳动合同法》《劳动争议处理法》草案的起草或论证。

村剩余劳动力转向非农产业和城镇也属于供给侧改革。在和谐社会被确立为改革目标之后，需求侧改革才一度成为改革的主角，且在内需尤其是消费拉动经济增长上成效显著。而当前所强调的供给侧结构性改革，是指在供给侧出现结构性问题（如产能过剩、全要素生产率低、企业经营成本高等），而需求对经济增长的拉动力由增强到减弱的背景下，改革供给体制机制，推进供给结构调整，以提高供给体系的质量和效率。值得注意的是，供给结构调整本身不是改革，去产能本身也不是改革，而以什么样的体制机制来调整供给结构的问题，才是改革问题。供给侧结构性改革也意味着从供给侧实现经济发展方式的转变，亦即由有形要素投入型增长转向无形要素（技术进步、资源配置等）贡献型增长，由过度依赖自然资源型增长转向更多依赖人力资源型增长，由人口红利型增长转向人力资本红利型增长等。较之以往需求导向和需求管理的思路，供给侧改革只是调控方式的创新，而不等同于西方经济学中的供给主义，因为尽管强调市场对资源配置的决定作用，仍然要求更好地发挥政府作用。并且，供给侧改革不是对以往需求侧改革的否定，而是与需求侧改革互补。

在供给侧结构性改革中，与劳动法和社会保障法相关的核心问题是，在人口红利消失的背景下尽快解决人力资源供给问题。劳动法和社会保障法所承担的主要任务包括：

一是加大对人力资本的可持续投入，提高人力资源素质。其要点有：促使企业提高人力资本投入，激发劳动者提高自身素质的积极性，并要求政府对此提供政策支持。二是优化人力资源配置机制，提高人力资源配置效率（亦即劳动参与率）。其要点有：促进劳动者自由流动，维护劳动力市场灵活性与公平性，加快农民工市民化。三是在供给侧结构性改革中为民生问题托底。当前急迫的是去过剩产能行业的职工安置，突出的还有保障劳动力市场的安全性，完善劳动基准和社会保障。上述前两项是常规任务，最后一项是阶段性任务。

二、《劳动合同法》是否不利于供给侧结构性改革

楼继伟三次批评《劳动合同法》的主要观点中，有的是老观点重提，如《劳动合同法》超前50年，降低了劳动力市场的灵活性，提高了企业的用工成本；有的是由老观点延伸出的新观点，如《劳动合同法》导致中高级技师短缺，不利于提高全要素生产率，不利于跨越“中等收入陷阱”。言下之意，《劳动合同法》悖于供给侧结构性改革的要求。

（一）《劳动合同法》是否超前了50年

楼继伟2015年4月在清华大学的演讲中说，《劳动合同法》“可能超前50年”。试想，回到50年前即1965年，在计划经济体制下，城乡二元分割，劳动力不能自由流动，今天的《劳动合同法》能依那时的劳动关系状况设计吗？展望50年后即2065年，市场经济体制应已成熟，工业化、城镇化也已完成，后工业社会因素将居重要地位，今天的《劳动合同法》能适应那时的劳动力市场状况吗？我国现阶段正处在工业化、城镇化加速且与市场化、信息化、全球化重叠的特殊历史阶段，工业化与城镇化早期、中期、晚期的因素分别存在于一定区域，后工业社会因素在有些区域已现端倪。《劳动合同法》以工业社会工厂制、标准工时制的劳动关系为主流样本进行制度设计，当然有其合理性，但也会面临着对后工业社会因素难免滞后、对工业化早期因素难免超前的问题，但绝不是超前50年的问题。

（二）《劳动合同法》是否降低了劳动力市场的灵活性

楼继伟说，《劳动合同法》的“弊端主要在于降低了劳动力市场的流动性和灵活性”，这并不符合《劳动合同法》实施以来劳动力市场的事实。《劳动合同法》实施以来，从总体上看，劳动力市场和劳动力关系的灵活

度明显上升。至少有两种事实不可忽视。

一是农民工“短工化”现象相当普遍，且逐年递增。2012年2月8日，清华大学社会学系与工众网研究中心联合发布的《农民工“短工化”就业趋势研究报告》显示：“短工化”相当普遍。66%的农民工更换过工作，25%的人在近7个月内更换了工作，50%的人在近1.8年内更换了工作；农民工平均每份工作的持续时间为2年，两份工作的时间间隔约为半年多。“短工化”逐年递增。开始上份工作的农民工，平均持续时间，2004年工作大约为4.3年；2008年为2.2年，缩短了近一半。初次就业的农民工平均每份工作能持续的时间，2000年为3.8年，到2008年缩短为1.4年。

二是灵活就业不仅形式增多，而且规模在扩大。有资料显示，从2006年起，每年灵活就业人员占城镇新增就业人数的比例都在80%以上，至2013年年末，灵活就业总人数约2.2亿人，占城镇就业总人口的63.2%（李丽萍：《改革开放以来我国城镇非正规就业分析》，《经济体制改革》2014年第6期）。2014年2月中国就业促进会发布的《网络创业就业统计和社保研究项目报告》显示，全国仅网络创业带动的直接就业规模就接近1000万人，其中个人网店带动网络创业就业人数达600万人。

楼继伟又说：“我国大量外向型、代工制的企业，不可能签订长期的合同……如果没有订单了，让你们回家，有订单了，再把你们召回来，能否签订临时合同呢？不行。法律遵从成本非常高。”请问，富士康是代工企业，难道不愿签订长期劳动合同吗？即使小微型代工企业受订单波动影响较大，“以完成一定工作任务为期限的劳动合同”正好可满足其灵活用工的需要，而不必担心无固定期限合同问题。其实，我国中小企业平均寿命不足3年，岂会恐惧无固定期限劳动合同？有人总是把无固定期限劳动合同视为劳动关系僵化的罪魁祸首，当年张五常甚至还说无固定期限合同会导致“铁饭碗”，而古今中外并无这种个例。在农民工中，签订无固定期限劳动合同的比例至今仍然不高。

（三）《劳动合同法》是否提高了企业用工成本

《劳动合同法》实施以来，用工成本提高是事实，但需要对用工成本提高作具体分析。例如，要分清用工成本提高中哪些项目是《劳动合同法》造成的，哪些不是；哪些是《劳动合同法》直接造成的，哪些是间接造成的，尤其是《劳动合同法》哪项规定直接提高了哪项用工成本。还有，因《劳动合同法》所提高的用工成本中，哪项合理、哪项不合理，哪项是守法成本、哪项是违法成本。只有回答了这些问题，才能准确判断《劳动合同法》与企业用工成本提高的关系。其实，在人口红利消退、劳动力供给减少、生活成本上升、最低工资标准上调、社会保险覆盖面扩大等提高用工成本的诸多因素中，《劳动合同法》的作用极为有限。它根本没有工资刚性增长的规定，所增加的主要是解雇成本和违法成本，这在企业总成本和用工成本中，所占比重都很小。并且，相对于《劳动法》，《劳动合同法》还有降低用工成本的规定，例如，关于对高薪劳动者劳动合同解除和终止经济补偿金“双封顶”的规定，等等。

（四）中高级技师短缺问题是否能归咎于《劳动合同法》

楼继伟在全国“两会”答记者问时说，“因为企业如果加大了企业培训，提高技能，而职工可以提前一个月不说什么原因就可以离开，企业为什么花钱给你提高技能呢？目前中高级技师是最为短缺的，与《劳动合同法》是有关的”。

众所周知，在《劳动合同法》出台以前，中高级技师普遍短缺，而企业只热衷于“挖人才墙脚”却少有培训职工意愿，已是长期存在的问题。针对这一问题，《劳动合同法》在其力所能及范围内作出了前所未有的努力。如在其第三十七条中承续了《劳动法》第三十一条关于劳动者提前30日书面预告用人单位就可解除劳动合同之规定的同时，还在第二十二条确立出资培训服务期制度，并且未像国外有的立法那样规定最长服务期限，而对有的地方立法中支持“挖人才墙脚”的特殊待遇服务期制度未予确认，其目的就在于调动用人单位出资培训职工的积极性。《劳动合同法》之所以如此，是因为出资培训和特殊物质待遇属于用人单位之间两种不同类型的人才竞争方式。出资培训是开发型人才竞争，即人才增量竞争，其直接开发人力资源，可直接从数量和质量上增加人力资源的供给，且对人力资源市场秩序几乎无负面影响；而特殊物质待遇，则是争夺型人才竞争，即人才存量竞争，其争夺既有人力资源，虽然可激励劳动者提高自身素质，但对增加人力资源供给的积极作用小于开发型人才竞争，并且，还会加剧人力资源供求矛盾，对劳动力市场秩序有负面影响。发达国家在争夺型人才竞争非常激烈的同时，开发型人才竞争也非常发达。而在我国，争夺型人才竞争日益激烈，开发型人才竞争却发育不足。如果对争夺型人才竞争规制不当或不力，将会进一步抑制开发型人才竞争的发育。所以，我国现阶段的政策选择应当是，鼓励开发型人才竞争，限制争夺型人才竞争。基于建设创新型国家的人才需要，更应当如此。

此外，《劳动合同法》保障劳动关系的稳定，就是为企业能产生培训职工的意愿创造条件。不可想象，在劳动关系短期化的大背景下，企业能有培训职工的意愿。

（五）《劳动合同法》是否不利于提高全要素生产率

楼继伟说，“我国《劳动合同法》可能是有问题的………不利于提高全要素生产率”。因为《劳动合同法》“降低了企业人力资本投入的力量。企业要支付大量成本来提高工人职业技能，但企业不愿意加强这方面的投入，因为职工可以以任何原因走人。企业把员工培养好了，员工就可以走了”。

所谓全要素生产率，是指资本、劳动、土地等全部有形生产要素的产出增长率超出投入增长率的部分，亦即经济增长中不能分别归因于各种有形要素增长而归因于技术进步等无形要素的那部分增长。全要素生产率的提高，在市场经济比较成熟的欧美国家主要依靠技术进步，故被称之为“纯技术进步增长率”；而在我国，除技术进步外，还要依靠资源合理配置等。例如，产能过剩必然降低全要素生产率，这与劳动法无关。在技术进步和资源配置中，与《劳动法》相关的主要是人力资源的配置和素质。《劳动合同法》较之《劳动法》，对提高全要素生产率有其更突出的亮点，一方面，以市场机制提高人力资源配置效率，不仅保障劳动者自由流动，而且还新设灵活用工制度（如劳务派遣用工、非全日制用工）；另一方面，为调动企业人力资本投入的积极性，不仅更重视劳动关系稳定，而且还新设出资培训服务期制度。

（六）《劳动合同法》是否不利于跨越“中等收入陷阱”

楼继伟还认为，“有一条铁律，就是在正常情况下，工资的增长一定要低于劳动生产率的增长”，否则就“会滑入中等收入陷阱”。而从 2007 年开始，工资的增长高于劳动生产率的增长，这说明他作出了一个判断：《劳动合同法》不利于跨越“中等收入陷阱”。将 2007 年起工资增长超过劳动生产率增长可能导致国家陷入“中等收入陷阱”归咎于《劳动合同法》，则是没有抓准问题的关键。

所谓“中等收入陷阱”，是指当一个国家的人均收入达到中等水平后出现经济停滞而不能进入高收入国家的状态，发展中国家多面临这一问题。在其多元和复杂的原因中，就我国而言，收入差距扩大和贫富两极分化较之工资增长超过劳动生产率增长更为突出，因为收入差距扩大和贫富两极分化问题由来已久且相当严重，而工资增长超过劳动生产率增长在近几年才出现，尚未达到严重程度，且有对以往低工资增长模式“补课”的意义。

面对收入差距扩大和贫富两极分化问题，劳动法律若作用不力，此问题将更加严重，势必掉入“中等收入陷阱”；若作用得力，此问题才可缓解，不致掉入“中等收入陷阱”。其实，解决收入差距扩大和贫富两极分化问题，更需要经济法律进行调控，尤其是财政税收和公共产品（服务）

法律制度作用得当。这才是相关部门人员职责范围内应当动脑筋的问题。

面对工资增长超过劳动生产率增长的问题，若试图通过减弱劳动法保护劳动者的力度，降低工资增长率，势必加剧收入差距扩大、贫富两极分化，掉入“中等收入陷阱”；若不降低工资增长率而提高劳动生产率，则需要劳动法进一步发挥其调动劳动者积极性，提高人力资源素质和配置效率的作用，且需要经济法等相关法律部门与之配合。

上述研究表明，《劳动合同法》与供给侧结构性改革的要求并不相悖，相反，还具有内在契合性。从我国改革史上看，伴随于我国市场化经济体制改革过程的劳动合同制度变迁，成功实现了人力资源由行政配置转向市场配置，农村剩余劳动力得以向非农产业和城镇转移，堪称供给侧改革的成功范例。故在《劳动合同法》中，已有契合供给侧结构性改革的基因。其中，已有保障劳动者自由流动、稳定劳动关系、规范灵活用工、调动人力资本投入积极性等与当前供给侧结构性改革契合的制度设计。当然，对供给侧结构性改革中出现的新要求和新问题，如新产业、新业态和“双创”中的灵活就业和人力资本投入问题，还有待在《劳动合同法》修改和相关立法中解决。还值得指出的是，在降低企业经营成本的措施中，应当看重的是降低交易成本、各种税费、融资成本等，而不是降低用工成本；即使降低用工成本，也应当是降低社会保障成本，而不是降低工资增长率，因为降低工资增长率不利于人力资源素质的提高。

三、《劳动合同法》修改问题的思考

（一）修法背景

任何立法、修法都要从背景出发，并以此为导向。现在提出修改《劳动合同法》的背景因素有两个方面：一是问题导向方面。诸如经济下行、劳动力市场灵活化、劳资矛盾和冲突等问题，是否需要修改《劳动合同法》来应对，对修改《劳动合同法》有何要求？二是目标导向方面。如果只跟着问题导向走，没有目标导向，就会迷失方向，甚至入偏门或走弯路。和谐社会、共享发展、国内生产总值和城乡居民人均收入双翻番、产业结构升级（如“中国制造业2025”）等，都应当考虑。应思考《劳动合同法》如何修改才有利于这些目标的实现。例如，《劳动合同法》不坚持稳定劳动关系的基本取向，能确保“中国制造业2025”实现吗？

（二）修法原因

讨论中提出的修改《劳动合同法》的原因有很多，主要包括经济下行、用工成本高、劳动力市场灵活化、出现新业态，等等。对这些原因要做结构性分析。

一是相关性程度。与《劳动合同法》相关性强的原因才可考虑，相关性弱或不相关的则不予考虑。只有相关性强的问题，才可通过修改《劳动合同法》来解决。否则，就是“吃错药”“打错针”。试图通过修改《劳动合同法》来解决中高级技工短缺问题就是如此。二是长期性与短期性。长期问题以法律手段解决为主，短期问题以政策手段解决为主。例如，经济下行、去过剩产能，未必是长期性问题，难以指望通过修改《劳动合同法》来解决。面对经济下行、去产过剩能的问题，既要保护劳动者也要保护企业，而不是要不要保护劳动者、要不要保护企业的问题。如果不保护企业，就会出现经济危机；如果不保护劳动者，就会出现社会危机。最可怕的是经济危机与社会危机联动。劳动法对劳动者的保护，是试图在经济危机与社会危机中间起到防火墙、隔离带的作用，如对劳动者权益实现托底等。三是有无正当性。例如，歧视性降低用工成本的滥用劳务派遣，盛行于建筑业的层层分包转包，就属于不正当的灵活用工，《劳动合同法》决不能因其灵活而放松规制。

（三）修法取向

对《劳动合同法》如何修改，众说纷纭。其中显示出两种似乎对立的修改取向，对规制强度有的主张从严、有的主张放松，对劳动者保护力度有的主张加大、有的主张减弱，各有一定道理。这需要联系前面所说的背景因素、《劳动合同法》评价、修法原因来综合考虑，谨慎选择。在具体选择时，应当作结构性处理，对不同条款的不同问题及其不同原因，分别选择不同的修改取向，而“一边倒”的修改取向是有害无益的。

（四）修法维度

对《劳动合同法》的具体修改，可从两个维度思考，一是修改规则本身，如无固定期限劳动合同、经济补偿金等；二是修改适用范围，包括总体适用范围和具体条款适用范围。其中，修改适用范围更重要。

关于《劳动合同法》总体适用范围是否扩大和如何扩大的问题。例如，国外劳动法中的雇主一般包括自然人雇主，我国发展到现阶段，自然人雇主已不再限于家庭雇用保姆了，其领域已经扩宽，也应当纳入劳动法的调整范围。再如，当前出现很多新业态，尤其是“大众创业、万众创新”，新的灵活就业形式不断增多。其中，有的在劳动关系与劳务关系、从属性劳动与独立劳动之间似是而非，是纳入劳动法调整范围作为非典型劳动关系对待，还是放入民法调整范围并予以特别法保护，这值得思考。因为这类劳动者群体的从业范围和规模都在扩大，如果不给予一定的倾斜保护，许多劳动者长期处于低质量就业状态，“大众创业、万众创新”就不可持续。

《劳动合同法》具体条款适用范围主要是如何细化的问题。现在对《劳动合同法》的许多批评，都聚焦在“一刀切”式调整方法上，缺少分层分类保护，一些条款对这一群体合理而对另一群体则不合理。对有这类问题的具体条文只能细化其适用范围，明确其不适用哪类或哪几类主体，或对哪类或哪几类主体另作特别规定。其实，国外立法早有先例。

（五）相关配套

有些问题，不是修改《劳动合同法》就可以解决的，配套措施需要同步跟上。当前特别需要两种配套：一是社会保障制度的改革和完善。例如，社会保险缴费高问题，在社会保险实际覆盖面扩宽之后，就易于解决；劳动合同解除终止经济补偿金问题，在失业保险实际效用提高后，就不会那么令人纠结；晚婚假和生育假问题，在社会福利制度跟上后，就会减轻企业的职业福利负担。二是国有企业的深化改革。例如，国有企业一直实行用工“双轨制”，签订无固定期限劳动合同，就意味着加入了体制内职工队伍，所以，真正恐惧无固定期限劳动合同的是国有企业。也正因为如此，国有企业曾一度成为滥用劳务派遣的重灾区。这类问题，只有通过深化国有企业改革，才可从根本上解决问题。做好了这两个方面的配套，《劳动法》和《劳动合同法》的压力就减轻了，才是既治标又治本。

（本文曾发表于《工会理论研究》2016 年 04 期，入选本书时增加了新内容）

浅析“机器换人”战略对企业用工的影响①

——以浙江省为例

吴锦宇　闫　冬*

机器换人，是指提高生产的自动化水平，在生产线上用机械手或者其他的方式来减少员工。它是以现代化、自动化的装备提升传统产业，推动技术红利替代人口红利，成为新的产业优化升级和经济持续增长的动力之源。也是推动传统制造业实现产业转型升级的一项重要举措。不仅在中国国内，包括大部分发达国家和新兴经济体国家在内的许多国家纷纷将机器换人作为国家计划进行重点规划和部署。它被说成是影响人类生产和生活的四大技术之一，引领第三次工业革命的技术之一，以及 12 项引领全球经济变革的颠覆性技术之一。

机器换人在中国的兴起有两个背景：第一，不断减少的利润，以及不断上升的人工成本正在压缩着传统制造业的生存空间；第二，在政府的主导下，中国的经济正处于转型升级的结构调整中，企业的硬件及软件都必须跟上国家从“中国制造”向“中国创造”迈进的节奏和步伐。根据工

---

① 本文得到 2015 年浙江省教育厅一般科研项目资助（1050KZ0415240），2016 年浙江省高校人文社会科学重点研究基地浙江工商大学应用经济学研究基地资助（1050XJ3316008G），2016 年浙江省总工会、省工运研究会立项部分研究成果。本文部分成果曾在 2016 年 11 月 1—3 日的“国际劳动与雇佣关系协会第九届亚洲会议”上宣读。

* 吴锦宇，意大利摩德纳·雷焦·艾米利亚大学哲学博士（Ph. D）、中国人民大学经济学博士后，浙江工商大学经济学院讲师；闫冬，英国华威大学哲学博士（Ph. D），北京外国语大学法学院副教授。

信部《关于推进工业机器人产业发展的指导意见》，预计在2015—2020年，我国将新增工业机器人约55万台，净减少普通就业岗位181万个左右，其中，制造业就业岗位将净减少约45万个。

2016年10月，媒体报道富士康在其中国工厂内部署了4万台“Foxbot”机器人，至此，从2014年iPhone 6上市至今，富士康已经使用机器人取代了超过一半的工人，仅昆山工厂的工人数量就已经由11万人减少到了5万人。

“机器换人”战略最早于2012年在浙江省政府经济工作会议上提出，那时浙江、江苏、广东、福建等省的众多企业纷纷引进现代化、自动化的装备进行技术改造升级，随后在全中国引发了“机器换人”的热潮。2016年，据浙江省经信委数据显示，目前浙江省在役工业机器人总量达到3.2万台，占全国的15%左右，居全国第一位。2015年浙江省经济增速达到8%，在全国31个省市自治区中位列第一梯队，规模以上工业利润增长5.02%，人均劳动生产率提高8.1%，达到19.3万/人·年。自2014年浙江省开展“机器换人”分行业试点以来，截至2016年11月，全省共有30个行业入选。

2012年，浙江省开始启动“机器换人”工程决策思路的背后，是作为制造业大省的浙江省必须直面产业转型升级的现实。从全球战略来说，要保持中国作为世界第二大经济体的增长潜力，需要拓展和发展空间，推进产业转型升级，提高劳动者的素质，进行创新驱动。只有创新驱动，推进产业转型升级，提高劳动生产率，才能全要素提高劳动生产率，这是中国保持国际竞争力的希望。

一、“机器换人”的动因

人口红利渐失，用工成本渐升，是机器换人的最大动因。人力和社会保障部劳动科学研究所所长郑东亮提出，“机器换人”与我国劳动力供需现状分不开。近年来，由于中国人口红利逐渐丧失，工人薪酬上涨，人口成本也随着上升，导致企业成本增加，利润减少，因此，部分生产制造类企业选择用机器替代人工。

据浙江省工信厅测算，如果浙江全省规模以上企业完成“机器换人”，全省劳动生产率将由目前的10万元/人·年上升至14万元/人·年，由此带来上万亿元的GDP增长。

（一）企业用工成本上升

不断上涨的工人工资挤占了制造业原本就不大的利润空间。2013年，浙江省经信委针对30个工业行业、567家企业进行了“机器换人”专项问卷调查，结果显示，有75.7%的企业把“用工成本高”列为开展“机器换人”的首要原因。调查数据表明，在过去数年间，浙江省制造业人工成本急剧攀升，已经接近人均1万美元的水平。2005—2013年，浙江省规模以上工业企业的人均劳动报酬年均增15.8%，总量和增幅均居全国前列。若保持这一增速，2016年浙江省一个工人的用工成本将高达74391元。如果不进行自动化改造，制造业转移将必然出现。

面广量大的浙江省小微企业是浙商创业成长的主要平台。小微企业作为浙江省最具有活力与发展潜力的微观组织，在促进经济增长、增加就业、推动科技创新、加强社会和谐稳定方面发挥着重要作用。随着劳动力和土地成本的上升，浙江省小微企业与大中型企业相比缺少发展优势，尤其是受2008年以来国际金融危机的冲击，内需、外需增长乏力，“成本高、税费高、融资难、招工难”等问题使浙江省小微企业生产经营举步维艰，导致一些小微企业遭受冲击而消亡。

近年来，浙江省企业一直面临着人工、土地、房租、物流成本均大幅上涨的问题，而人工成本上涨尤为突出。多项成本过快上涨推高了企业的综合成本，挤压了浙江省小微企业本来就很狭小的利润空间。而浙江省同行业小微企业的产品和服务往往同质性强，差异性不足，行业内竞争异常激烈，企业为保住自己的市场份额，不敢随成本上升而相应提升产品价格，结果是盈利越来越难，小微企业生存艰难。可见，转型升级是浙江省小微企业发展的根本出路。

2013 年 5 月，浙江省正式提出“555”推进计划，计划在未来五年，通过每年实施 5000 个项目，投入 5000 亿元投资推进“机器换人”。2014 年 6 月，浙江省又成立了 12 个省级机器换人专家指导组，成员由政府部门、行业协会、高等院校、科研院所等机构的人员构成。在政策指引下，浙江省 11 个地市均制定出台了鼓励专项政策，有些地区对符合条件的项目补助标准达 10% 以上。

2014 年，浙江省经信委对全省 4445 家中小微企业的问卷调查显示，受访企业不同程度存在设备陈旧、技术落后、招工困难、用工成本高等现象。某种程度上，浙江省力推的“机器换人”战略是国内机器人行业发展的一个缩影。

2014 年 4 月 8 日，浙江省政府发布《关于进一步降低企业成本优化发展环境的若干意见》，该文件共有 30 条意见，涉及降低税费、用工成本、用能成本等 8 个方面。鼓励企业加速“机器换人”，每年减少生产一线简单用工 50 万人以上。

（二）用工荒

中国改革开放初期劳动力份额中第一产业占 70%，第二、三产业共占 30%。2003 年全国第一产业劳动力份额降到了 50% 以内，2004 年之后一直持续下降。2015 年第一产业劳动力份额占了 28.3%，二、三产业加起来占 71.7%。随着产业不断飞速发展，城市化的推进，过去农业领域的劳动力、新生代农业劳动力已经转移到了非农产业，转移到了城镇。2004 年，中国第一次在媒体上出现了企业招工难的报道，自此以后招工难一直在蔓延，几乎成为每年春节以后的一种常态，并开始往中西部蔓延，劳动力供给发生了变化。当企业不能以低价位雇用到劳动力时，企业只能提高工资。工资的提高、人工成本的上升必然客观发生。用工荒对产业转型升级是一种倒逼作用。从某种意义上讲，也正是因为有了这种变化，中国政府才提出要推进产业转型升级。

2012 年之前的几年，浙江省有 1000 多万名打工者，面临社会稳定、就业、社会保障等大量问题，而越来越多的年轻人再也不愿意从事单调重复的车间工作。随着产业转移，部分中西部城市制造业崛起，农民工回流人数减少。浙江省劳动密集型产业工人短缺现象十分明显，“机器换人”是企业应对招工难、盈利低等问题，保持发展后劲的有效方式。

二、“机器换人”的利弊之争

第一，“机器换人”有利于减小低端劳动力用工规模。

2014 年，浙江省嘉兴市超过 1500 家企业实施了“机器换人”，用工人数则减少了 12 万人。受惠于节约成本，浙江制造业中的纺织业、机械制造业等劳动密集型行业也正转向“机器换人”。浙江省“机器换人”示范企业——浙江省加西贝拉压缩机有限公司在一条最新的自动化冰箱压缩机生产线大量采用机器人后，生产线人员从 580 名降至 280 名，降幅达 50% 以上。2013 年浙江省减少普通劳动用工 70 万人，2014 年减少 67 万，2015 年用工人数再次下降 7.5%，相当于减少了 57.7 万以简单劳动为主的操作工人。浙江省永高股份公司注塑车间有 187 台全自动注塑机，只有 5 名工人在机器旁巡视。按照以前，每台注塑机至少要 1 名工人，三班倒的话，就需要 500 多人。自从实施“机器换人”后，永高股份公司用工量减少 75%，每年人力成本就减少了 2500 万元。该企业靠 80 个工人实现 2015 年年产值 8 亿元。

第二，企业推行“机器换人”，通过提高劳动生产率和生产质量，有助于改善企业的用工缺口和员工流失情况，用工的稳定性增强。

浙江省加西贝拉压缩机有限公司原先的生产线需要 6 台机器，1 台机器需要6名工人同时作业，“机器换人”后，现在1台机器只需要2名工人，生产效率却提高了50%。浙江省胜华波电器股份有限公司劳动力需求最大的电机装配车间经过自动化改造后，用机械手代替人工作业，实现高效生产、安全生产，使得原先由41人组成的流水线人数降至15人。2015年，该公司工业总产值超14.18亿元，同比增长7.9%，节省一线劳动用工150人，产品质量合格率从92.2%提高到99.8%，降低生产成本13.4%，综合能源消耗降低了26%。2015年，浙江省诸暨袜业、新昌轴承、袍江印染被列入浙江省“机器换人”分行业试点之后，通过突出分环节“机器换人”、自动化生产线、工业机器人和机联网等重点，减少了劳动力使用数量，提高了劳动生产率。2016年下发的“机器换人”项目计划中，浙江省绍兴市共有278个项目属于轻纺、印染、机械行业，占比达到52.5%。

浙江省统计局的宏观数据表明，机器换人对全省工业经济效益的提高产生了良好的影响：2000—2010年，浙江省工业从业人员人均增加值从4.02万元增加到8.78万元，按可比价格计算，劳动生产率年均提高5.58%。2010—2012年，浙江省工业从业人员人均增加值从8.78万元增加到10.07万元，按可比价格计算，劳动生产率年均提高5.73%，比2000—2010年高0.15个百分点。其中，2012年工业劳动生产率提高6.29%，比2000—2010年提高0.71个百分点，劳动生产率加速提升态势初现，企业竞争力增强。

据统计，2014年一季度，浙江省规模以上工业企业从业人数达679.4万人，同比下降1.8%，降幅比2013年同期扩大0.5个百分点。在39558家规模以上工业企业中，有45%的企业从业人员平均人数同比下降，其中，21.8%的企业从业人员降幅在10%以内，15.2%的企业降幅在10%～30%之间，8%的企业降幅超过30%。通过“机器换人”，2014年浙江省减少简单劳动为主的操作工人61万人，万元工业增加值用工人数下降8.6%。在一线员工超过10%的企业中，16.3%的企业减少了30%以上一线员工，68.9%的企业生产成本下降5%以上。2015年，浙江全省规模以上工业平均从业人员减少 3.5%，劳动生产率为 19.3 万元/人，增长 8.1%。2016 年 1—2 月，浙江省工业企业从业人员持续呈现下降态势，比 2014 年同期减少 2.6%。浙江省工业企业从业人数持续下降，表明“机器换人”成效在不断显现。

在浙江省农业领域，从瓜果蔬菜到粮油水产，从畜禽产品到茶叶行业，“机器换人”已覆盖种植、养殖两大领域。无论是畜牧自动化喂养系统，还是无人机统防统治系统，抑或畜禽全自动屠宰系统，现代农机已把农民从繁重的劳动中解放出来。上百年来沿袭的人工种植养殖的方法，劳动强度大、效率低。插秧、耘田、收割，俗称水稻生产“三弯腰”。近年来，浙江省一些地区大力实施农业机械化推进行动，推行工厂化育秧、机械化插秧和机械化收割，让农民水稻生产彻底告别了“三弯腰”。2016 年 10 月，农业部正式批准浙江省创建全国农业“机器换人”示范省。

第三，“机器换人”提高了职工人均薪酬待遇水平，使企业职工工资水平大幅提高。

“机器换人”推动产业转型升级，提升了劳动生产率，使职工工资水平大幅提高得以实现。2000—2010 年，浙江省企业总体用工偏紧，工业城镇单位在岗职工年平均工资从 9853 元提高到 29515 元，年均增长 11.60%，2012 年又提高到 40270 元。2010—2012 年职工工资年均增长 16.81%，比 2000—2010 年提高 5.21 个百分点。

第四，“机器换人”缓解了部分企业的用工紧张状况。

中智人力资本调研与数据服务中心公布的《2016 年一线用工管理调研报告》称，2009 年后长三角、珠三角等制造业密集地区开始大规模出现“用工荒”。招工难、用地难、能耗高、亩产低，一直是制约浙江省瑞安市传统工业行业发展的瓶颈。以瑞安汽摩配行业为例，自 2013 年至今，瑞安共实施汽摩配“机器换人”项目 226 项，实现规模以上汽摩配企业减员 1.54 万人，但全员劳动生产率年均增长 10% 以上，总产值年均增长 10% 以上。“机器换人”虽然导致了制造业普工的减少，但它客观上有利于促进服务业的发展，通过“机器换人”释放出来的劳动力有相当一部分进入了服务业，有利于缓解服务业企业的“招工难”。

第五，“机器换人”导致就业结构发生变化。

随着转型升级、“机器换人”节省了大量劳动力，减少了经济发展对浙江省外低端劳动力的长期依赖，浙江省外劳动力回流比较明显。据浙江省统计局的数据统计，2005—2010 年，浙江省常住人口从 4990.9 万人增加到 5446.5 万人，年均增加 91.1 万人，年均增长 1.76%，而 2011 年、2012 年常住人口增量仅为 16.5 万人和 14.0 万人，增速分别为 0.30%、0.26%，下降十分明显。同时，浙江省企业对相关从业人员素质要求明显提高，技术工人、专业技术人员等明显紧缺。浙江省统计局的数据，2012 年城镇（含私营规模以上）工业企业就业人员中，大学本科及以上学历人员和大专学历人员占比分别为 6.26% 和 11.17%，比 2009 年分别提高了 1.67% 和 2.32%。高中学历人员和初中及以下人员占比分别为 28.45% 和 54.12%，比 2009 年降低 0.02% 和 3.97%。经营管理人员、专业技术人员和技能人员占比分别为 10.01%、12.43% 和 35.14%，分别比 2009 年提高 1.53%、1.46% 和 11.67%。就业人员的学历层次，专业素质明显提升。

第六，“机器换人”导致摩擦性失业和结构性失业压力加大。

近年来，浙江省城镇登记失业率一直稳定在 3% 左右，2013 年以来呈明显上升趋势，这有经济增长放缓的因素，但主要还是企业转型升级、“机器换人”带来的影响。

浙江省传统制造业企业普遍存在“低、散、短”问题，大都是劳动密集型企业，一直依赖低成本扩张，大部分企业仍然使用小型、低端的生产设备，缺少数控化、智能化等高端技术支撑，加工精度和产品质量无法得到保证，缺少持续的技术创新活力。随着中国宏观经济环境的逐步趋紧，传统制造业遇到新的挑战。唯有通过实施创新驱动发展战略，全面推进数控和智能制造技术创新，才能推动浙江传统制造业转型升级。在推进“数控一代”应用示范工程建设，发展智能制造的过程中，浙江省提倡企业实施

“机器换人”，主要是进一步提升企业核心竞争力，促使制造业转型升级，加速高端制造业发展及壮大地方支柱与特色产业的支撑作用与服务能力。

总的来说，从长远发展的角度来看，“机器换人”对产业发展应该是利大于弊。

三、“机器换人”与失业、就业

（一）“机器换人”与规模失业

机器换人会不会引发规模失业？回答是否定的。理由有以下几点。

第一，真正精密、复杂、灵巧的工种，还是离不开人。人类在产品生产过程中所具有的灵活性是人所特有的能力，是无法被机器所取代的。人与机器之间绝不存在敌对关系，相反，人与机器之间是互助双赢的关系。新松机器人总裁曲道奎认为，机器人领域有一个悖论，对人而言很简单的事，三岁小孩都能干的，机器人干不了；但是人做不了的很多复杂工种，却是机器人擅长的。现在的机器人基本只从事电焊、喷涂、冲压等工种，在汽车装配车间机器人很少见到，这是因为装配的活最难做，而工业机器人在精度、速度、强度方面远没有达到要求。

第二，目前没有开发出普适性的机器人。苏州博众精工科技公司副总经理申舰认为，机器换人首先要解决生产工艺标准化问题。而国内的现状是，国内机器人制造业水平参差不齐，来料、产品是否符合自动化需求，都还没有清晰认识。对机器人本体生产商来说，未来能否开发出适用于任何生产场景的、普适性的智能机器人，尚有不小的挑战。

随着科技进步与新业态的发展，机器在某些地区、某些行业确实对原有传统劳动力形成了替代。这客观上既有劳动力成本上升的因素，也与日益精准的生产要求有关。但更要看到，就业结构随着经济转型而调整是一个必然过程。小型经济体产业结构单一，“机器换人”对就业冲击往往较大；而中国经济体量大，产业体系较为健全，就业机会种类较多、弹性强，所以“机器换人”不会造成中国就业市场的大幅波动。随着“机器换人”的推广，未来或将出现结构性失业与技能型工人短缺并存的态势，也就是普通工人“就业难”，而技术工人“用工荒”，但并不会造成大规模失业。

（二）“机器换人”与就业

“机器换人”并不意味着大量工人将会失业。事实上，很多时候“机器换人”可以把劳动者从危险、繁重、重复、低端的环境中解放出来。因此，大量使用机器与劳动力就业之间并不矛盾。从不少企业的操作实践来看，机器替换的更多是生产效率低、工作辛苦且具有危险性的岗位，在机器上线之后，原先的工人大多通过内部转岗消化。随着企业产能的提升，其对产业工人的需求还会相应增加。并非所有行业和工序的用工都可以通过机器替换，所谓“机器换人”只是部分环节的替代，而且是一个渐进的过程。从另一个角度来说，新设备的操作、维护也将派生出新的劳动力需求，这也有助于提高就业质量和劳动者收入。

实际上，企业进行“机器换人”后，能操作引进的机器设备及管理生产线的技工和技术人员，变成企业的“关键性人才”。温州各行业企业近几年纷纷推进“机器换人”，对用工的劳动技能要求提升，因此对技术工人的需求量大大增强，而温州这一领域的人才本就相当薄弱，一直处于供不应求的紧张状态。

（三）“机器换人”与未来就业

从中长期看，工业机器人的造价、性能、功能等问题可以通过技术提高和升级不断予以解决。随着用工成本刚性升高，该过程还有加快的趋势。在成本方面，过去 10 年，机器人成本下降了约 50%。在性能方面，机器人行业将向模块化、智能化、网络化等方面发展，尤其新型材料的出现将会大幅度提高机器人的性能，生物医学研究的进展可能会对机器人的认知提供新思路。

随着制造成本、技术性能的提高，越是低端制造领域，越是劳动密集型产业，被机器所替代的劳动力会越多。这些领域劳动力挤出现象将会比较明显。2014 年牛津大学发表了《未来就业：就业对人工智能的敏感性分析》的研究报告，其中指出，科技的发展非但不能提高就业，且人工智能将取代近 50% 的现有岗位，人们将面临严重的就业危机，受人工智能冲击较大的职业分别是零售业、服务业、制造业和交通运输业等，占就业总人口的 47%。而健康医疗、教育、法律、社区服务、媒体、艺术、计算机、科研等行业受冲击较小，占就业总人口的 33%。2016 年 11 月 17 日，中国人民大学劳动人事学院曾湘泉教授指出，中国出现了职业极化，初步预测 80% 的岗位会被机器替代，如果调整以后，至少 60% 被替代。

与此同时，制造先进的机器人，其本身的设计、制造、操作、维护等长期需要高端专业人才实施，例如机器人程序员、机器人工程师、机器人维修员等，自然就会形成诸多新领域、新行业。围绕这些领域、行业就会衍生出更多的新工作岗位。因此，机器人能够替代低端制造业中所需的大量劳动力，同时也会创造出更多高端制造业的就业岗位。不少专家表示，与其说是“机器换人”，不如说是“机器扩人”，且新增的就业机会很可能要大于从低端制造业中淘汰掉的劳动力数量，就业总量压力不会增加，但结构性矛盾会阶段性尖锐。

“机器换人”能节省一部分劳动力，节约成本，提高品质，开拓高端市场，优点是明显的。但“机器换人”其实并不能真正取代所有劳动力，目前主要处于“机器省人”的状态。此外，一些传统制造业，例如酿造业、茶业行业等，不可能实现全自动化，即便有些环节能够运用“机器换人”，也不会一步登天，只能是不断积累生产自动化的相关经验，逐渐提高自动化的程度。所以，从短期来看，各行业大规模使用机器人替代人工不现实。但随着用工成本刚性持续上升以及劳动力人口减少，机器人工业技术进步和造价下降，部分劳动力密集行业大量使用机器人将不可避免，在一定程度上会加重就业的结构性矛盾。从中长期看，低端制造业将挤出更多劳动力。同时，机器人工业也会产生一系列新兴行业，创造新的就业岗位，劳动力需求总量不会发生较大变化，但就业结构性矛盾会进一步突出。

四、对企业实施“机器换人”的一些微浅思考

依据IFR数据，2005—2015年，全球工业机器人的年均销售增长率为9%，期间中国增速达25%，实际上，自2013年以来，中国已经连续三年成为全球最大的机器人市场。据国家统计局数据显示，2015年中国工业机器人产量（含外资）已达32996台，同比增长了21.7%；中国机器人联盟的数据显示，2015年中国自主品牌工业机器人共销售22257台，同比增长31.3%。预计到2025年，工业机器人年销量将达26万台，保有量达180万台。近年来，中国（尤其浙江省）大力引导帮扶企业“机器换人”，不断推动技术红利替代人口红利，实现减员、减能、减污和减耗，实现生产率和优质品率的大幅提升。以现代化、自动化的装备提升传统产业，推动技术红利替代人口红利，成为中国制造产业优化升级和经济持续增长的必然之选。

“机器换人”会产生一个问题，换下来的员工如何安置？实施“机器换人”的领域肯定会减少用人、减少岗位，因此需要加强员工转岗培训，进行能力提升的跟进。但总的来说，这个问题不必过分忧虑，“机器换人”不是让机器去抢所有工人的工作，而是一些企业的无奈之举。“机器换人”给社会带来的就业压力是客观存在的，缓解这种压力绝不是一朝一夕的事情，需要政府、企业和工人等多方面进行协调。

需要看到的是，自从蒸汽机、纺织机发明以来，“机器换人”这个过程一直在发生，每一轮的生产自动化水平的提高都是在替代员工。工业革

命以来，每一次生产自动化水平的提高，都会在特定的领域、特定的行业影响就业岗位，而现在集中体现在劳动密集型产业。在这些领域、这些产业，自动化水平的提高必定会对就业产生影响，导致用人减少。但是从一个长时间段来看，或者更大范围来讲，每一次技术革命、技术进步，最终所创造的就业岗位是远远大于所替代的或者减少的工作岗位的。随着技术的不断进步，全球的就业规模在不断扩大，这对就业带来的影响是积极的。所以对技术革命、技术革新包括“机器换人”与就业的关系，总体上应保持乐观的态度。

雇佣关系灵活化与劳动关系规制

实现灵活化的平台：试论互联网时代对雇佣关系的影响①

刘　剑*

近20年来，互联网产业在全球特别是在中国出现了井喷式发展。根据最新发布的《2015互联网趋势报告》和第35次《中国互联网络发展状况统计报告》的统计数据，截至2014年年底，全球互联网用户数达到28亿人，占全球总人口的39%；中国网民规模达6.49亿，占全球网民总数的23%。全球智能手机用户为21亿，占互联网用户总数的76%；中国手机网民规模达5.57亿人，占全球智能手机用户总数的26.5%。庞大的网民数量造就了中国发达的互联网经济。可以说，互联网正在改变我们的思维方式，改变人们的沟通方式，改变社会价值的创造方式，当然也在改变创造社会价值的企业中的雇佣关系。

雇佣关系是随着国家和市场的条件变化，通过合同实现劳动与报酬之间的一种交换关系（约翰·巴德、迪瓦希什·海沃，2011）。雇佣关系的性质决定着个人的生活质量、经济的运行、民主的生命力以及对人权的尊重程度（约翰·巴德，2007）。根据2015年北京市第一中级人民法院公布的数据来看，2014年该院审结劳动争议案件共2338件，其中涉及互联网企业劳动争议案件177件，所占比例为7.57%，这是一个相当高的涉案比

---

① 本文受广东省哲学社会科学“十二五”规划课题《珠三角农民工组织及其管理创新研究》（编号：GD12CSH04）资助。

* 刘剑，深圳广播电视大学副教授，研究方向为劳动关系，公共政策。

例。从劳动争议形成的原因来看，互联网企业的劳资纠纷主要集中在企业不与劳动者签订书面劳动合同、公司资产重组导致员工工作调整、不当签订履行竞业限制协议和关联公司之间合同用工四个方面。遗憾的是，上述公开数据并没有告诉我们互联网时代雇佣关系发生了哪些方面的新变化？这些新变化给现有的雇佣关系管理模式造成了哪些挑战？这正是本研究关心的核心问题。

一、研究问题与文献述评

目前，理论界和实业界都已经认识到，互联网会改变一切传统行业，自然也包括改变一切传统行业的雇佣关系。与工业时代的雇佣关系模式相比，互联网时代对雇佣关系产生了哪些新的影响？越来越多的国内外研究者针对互联网时代就业方式和雇佣实践的新变化这一主题，分别根据自己关心的研究问题从弹性工作制、就业政策、企业人力资源管理、劳工研究等不同视角给予不同程度的论述。

第一，研究者最早关注到就业领域弹性工作制的快速发展。弹性工作制早在20世纪70年代就已经在美国普遍存在。20世纪90年代以来，随着经济全球化的发展和市场竞争的加剧，越来越多的企业采用弹性工作制，灵活就业逐渐成为人们的一种生活方式。在互联网时代，弹性工作制成为企业降低成本、提高竞争优势的一种战略选择。经济学家普遍认为，弹性工作制有利于员工进行工作—闲暇平衡（work - leisure balance，WLB），从而提高效率；同时也有利于企业降低人工成本，提高管理与运营的灵活性，适应多变的市场环境，从而使企业在日益复杂和激烈的竞争环境中保持因时而变的动态竞争力。当然，弹性工作制也存在一些问题。首先，与全职员工相比，弹性员工的稳定性和忠诚度不高、责任心不强；其次，过多使用弹性员工不利于员工之间的沟通，有可能损害企业的稳定性（魏翔，2008）。为此，如何改进弹性工作制成为过去20年经济学和管理学研究的重点问题。弹性工作制研究为我们观察互联网时代的灵活雇佣实践提供了一个重要的视角，但弹性工作制是20世纪70年代以来市场经济发达国家就已普遍存在的现象，因而不能归为互联网时代特有的新变化。

第二，近10年中国电子商务飞速发展，同时也创造了大量新的工作岗位和就业机会。这一新的就业领域长期没有得到政府公共政策应有的重视，从就业政策的角度来审视网络创业与就业不过是最近两三年的事情。张小建和马永堂（2013）发现，截至2011年，中国网络经济和电子商务活动创造的直接和间接就业超过1000万人，成为中国新的就业增长点。然而，截至2013年年底，中国政府还没有把网络创业就业人员纳入到国家统计和社会保障的范围。他们重点研究了电子商务领域中的创业及就业活动，认为网络创业及就业具有灵活性、公平性、智能性、衍生性、自治性等特点，为青年、妇女、残疾人等群体创业提供了便利。他们也指出了当前网络创业及就业面临的问题，分析了问题背后的原因，并提出了相应的政策建议（张小建、马永堂，2013）。网络创业就业研究侧重于从就业政策的视角分析中国互联网时代雇佣实践的新变化，该研究偏重于政府鼓励创业、促进就业的宏观视角，对互联网企业微观层面的雇佣关系发生的新变化、面临的新问题关注不足。

第三，管理学者从企业人力资源管理的微观层面总结了互联网时代人力资源管理的新特征和新趋势。彭剑锋（2014）总结了互联网时代的四大特征，提出互联网时代人力资源管理的10种新思维。他还整理出20个关键词来预测未来人力资源管理的大趋势（彭剑锋，2015）。韩树杰（2015）提出了互联网时代“轻雇佣”的概念，但并未深入探讨。刘追等人（2015）梳理了企业与虚拟员工关系的四个阶段，包括关系建立前期、关系建立初期、关系互动期和关系结束期，并分析了企业虚拟员工人力资源管理在各个阶段面临的困境，最后提出了相应的人力资源管理策略。里德·霍夫曼等人（2015）则主张，通过“联盟”策略重建互联网时代雇主与员工的关系。企业人力资源管理视角的研究侧重于从微观层面考察互联网时代人力资源管理出现的新变化和新问题，但这种视角更偏向于从雇主的角度来观察企业在工作岗位和工作性质等领域面临的新挑战。因此，要研究雇佣关系的变化不能忽略劳动者和劳工研究的分析视角。

必须指出，上述三种视角的研究文献关注到互联网时代就业形式和雇佣实践的三类变化，分别是雇佣方式中的弹性工作制、就业政策中政府对网络创业与就业现象的逐步重视和企业人力资源管理实践的新变化。这三种不同的视角有一个共同点，即重视从企业和政府的角度看待互联网时代的雇佣实践，而忽略了从劳动者的视角来审视和评价互联网时代雇佣关系发生的新变化。互联网的发展打破了工业时代的终身雇佣制和基于忠诚和员工满意度的组织管理模式，为灵活化和轻便化的雇佣关系提供了更加适合的平台，这些变化的出现引发了更多新的劳动问题，这些问题已经被一些劳工研究者注意到。

第四，基于马克思主义的批判性劳工研究是雇佣关系领域不可替代的第四大思想学派（约翰·W. 巴德，2013）。从劳工研究的角度来看，克莉丝·贝讷（2009）通过对美国硅谷的观察，用机动性工作和机动性雇佣的框架分析了网络社会的劳动力、劳动力市场与中介及其市场后果。邱林川（2009）回顾了网络时代劳工研究的文献之后认为，新型网络社会的劳工问题既包括传统议题的延续，又涵盖新的劳动领域、新的生产方式、新的劳工组织形态和文化表达方式。他提出应把“网络劳工”作为把握信息网络产业的一个新的概念工具。Christian Fuchs 等人（2014）则提出，信息资本主义和互联网的崛起要求我们重新思考阶级的概念并将其与脑力劳动结合起来。邱林川（2014）还将富士康和数字资本主义置于 21 世纪奴隶制的理论框架中，他强调指出：劳工研究需要重新认识过去，让思想在全球历史的长河中重新扎根。在关注生产过程之外，还须重视消费，特别是虚拟空间里的生产性消费行为。劳工研究对互联时代雇佣实践新变化的批判性反思非常重要，它打破了“技术进步带来社会进步”的迷思，指出了表面“先进”的电子产品和网络游戏背后存在着严重的劳工问题。劳工研究视角更加执着于互联网时代出现的“劳工问题”，而实际上劳工问题造成的社会影响是雇佣关系双方都无法回避的新挑战。如何应对互联网时代雇佣关系的这些新挑战，是雇佣关系中的雇主、员工和政府等主体都需要面对的现实问题。

综上所述，现有研究文献分别从弹性工作制、就业政策、企业人力资源管理和批判性的劳工研究等四个不同的视角关注到互联网时代就业形式和雇佣实践的新变化。然而，很少有研究根据劳动关系理论的分析框架来考察互联网时代雇佣关系的新变化，探索这些新变化会给现有的劳动关系管理模式带来哪些新挑战。本研究试图根据约翰·W. 巴德提出的雇佣关系的五个要素——即雇员、雇主、政府、市场和契约——来分别回答上述问题。

二、互联网时代雇佣关系的新变化

约翰·W. 巴德（2013）主张，应该从最有效地平衡工作场所中员工和雇主之间的目标和权利的角度来思考 21 世纪雇佣关系的战略、政策和实践。这种呼吁在效率、公平和发言权三种不同价值主张之间寻求平衡的研究视角，对过分重视效率、有意忽略公平和发言权的中国雇佣关系实践来说，具有非常重要的理论意义和现实意义。约翰·W·巴德和迪瓦希什·海沃（2011）认为，雇佣关系的一般要素包括雇员、雇主、政府、市场和契约五个方面。本研究试图从雇佣关系的五个一般要素来分析互联网时代雇佣关系的新变化。与工业时代的雇佣关系相比，互联网时代的雇佣关系至少出现了以下五个方面的重要变化。

第一，从雇员的角度来看，雇员与企业的关系正在发生重大变化。在互联网时代，雇员是企业的客户，客户也可能是企业的雇员，两者之间的角色可以互换，人才价值创造的边界和范围不多扩展。比如，维基百科的创作者不是一群精心挑选出来的专家，而是成千上万的各种爱好者、发烧友和旁观者，但他们创造了维基百科这一超级伟大的产品。企业的客户可以和雇员一起进行产品和技术创新，企业的培训和服务延伸到了价值链上的客户，客户和雇员共同组织成立交互式价值创造社区。克里斯·安德森（2006）在《长尾理论》中写道，“参与生产的人就是最关心生产的人，他们最理解自己的需求”。消费者参与生产的最大优势是能够更好地满足人们的需求。以国内知名手机品牌小米为例，小米发现了“参与式消费”的时代已经到来。小米一开始就让用户参与到产品研发过程中来，包括市场运营。小米没有 KPI 和考勤制度，工作的驱动并不来自于业绩考核，也不是基于老板“拍脑袋”，驱动力量都是来自真实的用户反馈。小米的铁杆粉丝既是产品设计与研发的重要参与者，也是企业业务的推动者与品牌的推广者，当然也属于企业重要的人力资源。2011 年 8 月“小米之家”启动之后，小米的售后主管在 10 天内跑了 7 个城市，每个城市看了不下 30 个场地，最后才选定场地签订租房合同。这位主管说：“特别感谢当地米粉对我们的支持，没有他们帮助去提前联系中介，搜集房源，全程陪同去看房等，我们也很难在 10 天内就做完这么多事情”（黎万强，2014）。这恰恰说明忠诚的用户可以像优秀的员工一样对互联网企业的发展发挥不可替代的重要作用。

第二，从雇主的角度来看，企业与员工建立一种合作共赢的新型关系、用智能机器人取代重复性的人工劳动是正在发生的未来，这将对雇佣关系产生深远的影响。一方面，互联网企业发展的核心动力是掌握信息技术的知识劳动者。与传统产业工人相比，知识劳动者的自主性既是创造性劳动的必要基础，也是企业管理的主要挑战。从互联网企业的具体实践来看，企业与知识劳动者建立的雇佣关系与传统企业相比，已经表现出明显的差异。传统企业通过薪酬、职业上升空间、组织文化等途径留住员工的心，互联网企业更加强调知识劳动者的职业忠诚和专业忠诚，与知识劳动者建立一种合作、共赢的新型雇佣关系。不少企业已经认识到，企业最大的财富不是拥有多少人才，而是能够使用多少人才。“不求所有，但求所用”成为互联网时代企业人才管理的共同理念。另一方面，互联网时代也是一个产业结构调整和不断升级的时代，是一个智能机器人取代低端劳动力的“智造业”时代。随着中国“人口红利”的消失，大量的传统制造业企业将用智能机器人替代劳动力，势必引起组织形式和雇佣模式的大变革。以富士康为例，早在 2011 年，郭台铭就对外宣布“三年百万机器人”计划，希望通过智能机器人来缓解劳动力成本上涨的难题。郭台铭提出口号之后，美的、长虹、海尔等各大企业纷纷在生产线中引入机器人。尽管目前富士康的百万机器人计划进展并不顺利，但智能机器人替代重复性人工劳动的前景是光明的，不少上市公司也早已涉足机器人领域。公开数据显示，国内 A 股直接拥有机器人概念的上市公司至少有 41 家。这些公司几乎都受到了投资者的热烈追捧。可以预见，用智能机器人取代简单重复的人工劳动已是大势所趋。那么，由于产业结构升级而被替代或淘汰的工厂工人如何提升劳动技能，从而实现再就业？这不仅是一个涉及千百万个普通工人家庭根本利益的重大问题，也是一个关涉到政府执政能力和社会稳定的重大问题。

第三，从政府治理的角度来看，互联网的发展对雇佣关系运行的各种规则提出了新的要求。政府是雇佣关系体系中的第三方力量，建立了雇佣关系运行的法律环境，以及对公平与平等、权力与权威、个人权利的主观价值判断框架（菲利普·李维斯等，2005）。为了应对互联网时代的治理挑战，中国政府一方面坚持互联网治理的法治化，另一方面大力鼓励互联网创业与就业。首先，中国政府主张互联网治理只能走法治化道路，在网络信息自由与公共利益之间寻求平衡。2014 年 2 月，中央网络安全和信息化领导小组正式成立。2014 年 10 月，中共十八届四中全会强调，加强网络空间法治建设，完善网络信息服务法律法规，完善网络安全保护法律法规，依法规范和治理网络行为。在这种背景下，中央网信办等部门开展专项行动，互联网和法治正在发生越来越密切的关系。2014 年，中央网信办一手抓清理整顿，开展专项行动，还网络清新空气；另一只手抓开门办网，积极融入国际治理新格局，在互联网治理国际舞台上发出中国声音。其次，中国政府大力提倡“大众创业，万众创新”，积极鼓励网络创业与就业。2014 年 9 月，李克强总理在夏季达沃斯论坛上公开发出“大众创业、万众创新”的号召。此后，他在首届世界互联网大会、国务院常务会议和各种场合中频频阐释这一关键词。2015 年 3 月，李克强总理在政府工作报告中强调：推动大众创业、万众创新，“既可以扩大就业、增加居民收入，又有利于促进社会纵向流动和公平正义”。2015 年 5 月，李克强总理在中国科学院和北京中关村考察调研时强调，推动大众创业、万众创新是充分激发亿万群众智慧和创造力的重大改革举措，是实现国家强盛、人民富裕的重要途径。2015 年 5 月，国务院下发了《中国制造 2025》的十年行动纲领，用“互联网 +”的理念改造传统制造业，从“中国制造”走向“中国创造”、从“制造业大国”迈向“制造业强国”的发展目标更加明确。用法治理念进行互联网管理无疑是正确的方向，但政府如何规制互联网企业的雇佣关系仍是一个有待探索的时代课题。

第四，随着移动互联网的普及和“互联网 +”的理念深入人心，互联网会更加深入地渗透到各行各业，最终将重塑中国劳动力市场。首先，互联网上的各种招聘网站和社交网站（如领英）减少了劳动力市场的信息不对称，为雇主和求职者提供了种种便利。随着微博的兴起，很多企业设立了官方微博，发布招聘信息。求职者也纷纷注册了个人微博，来实时关注企业招聘动态。2014 年 8 月，艾瑞咨询公司发布的《中国网络招聘行业发展报告》显示，2013 年，中国网络招聘行业雇主规模达到 196.9 万人，同比增长 21.6%。2013 年中国网络招聘行业求职者规模达到 10389.2 万人，同比增速为 10.3%，预计到 2017 年将达到 15064.6 万人。充分利用互联网成为求职者找工作的“新常态”。其次，互联网时代的就业岗位更加多样，雇佣形式更加灵活，终身雇佣已经成为明日黄花。随着诸如滴滴打车、优步（Uber）等互联网平台的兴起，一方面打破了传统出租车行业的行政垄断，给消费者带来了更多选择和更多实惠；另一方面，这些互联网平台也给司机提供了专职或兼职从事快车与专车服务的工作岗位和兼职机会。最后，“众包”（Crowdsourcing）等新兴模式的出现，冲击了传统的劳动关系，影响了劳动力市场的稳定性。有研究认为，互联网经济中新兴的“众包模式”打着开发网民智慧、提高企业活力、“集思广益”等旗号，利用免费劳动力，规避用工成本，无偿占有网友的闲暇时间为企业从事生产活动。“众包模式”不仅更主动地利用受众闲暇时间为自己创造财富，更以极为低廉的成本套取用户个人信息，以实现更为精确的商业营销目的，对受众形成多重剥削（徐偲骕等，2014）。

第五，从契约的角度来看，互联网时代的资本变得更加“轻快”和灵活，企业不与劳动者签订劳动合同的情形正在增加。齐格蒙特·鲍曼认为，在从“沉重资本主义”向“轻快资本主义”转变的过程中，“资本充其量只是带着一个仅仅装有公文包、笔记本电脑和移动电话的行李箱轻装旅行。与此同时，这种轻快灵活性使得所有的契约，尤其是稳定的契约变得多余和不明智起来：如果参加了这样的契约，它会束缚资本的流动，并会有损于它渴望的竞争力”（齐格蒙特·鲍曼，2002）。在沉重资本主义时代，资本和劳动由于彼此相互依赖而得到强化的结合。为了谋生，工人依赖于被雇用；为了再生产和增长，资本依靠雇用工人。然而，在“轻快资本”的互联网时代，苹果公司可以把利润低的制造部分外包给富士康，优步和滴滴打车甚至都不需要自己养车，而由司机自己带车。优步和滴滴公司也不再负责司机的各种福利、社会保险以及从培训到退休的一切事宜，因为这些司机不是滴滴公司的员工，只是“独立承保人”。相反，传统的出租车公司则要承担牌照、购车等很多成本，所以市场效率低，肯定竞争不过优步、滴滴打车这种“轻快资本”。同时，以互联网为基础的“众包模式”也打破了劳资双方签订劳动合同、建立固定劳动关系的传统用工方式。“众包”是美国记者杰夫·豪（Jeff Howe）在2006年6月提出的。他认为，“众包”是指“一个公司或机构把过去由员工执行的工作任务，以自由自愿的形式外包给非特定的（而且通常是大型的）大众网络的做法。

众包的任务通常由个人来承担，但如果涉及需要多人协助完成的任务，也有可能以依靠开源的个体生产的形式出现”（杰夫·豪，2009）。其实，这种任务的报酬多半是无偿或很少的。“众包模式”的实质是利用免费劳动力，规避用工成本，无偿占用网民的闲暇时间为其从事生产活动的新型灵活资本主义（flexible capitalism），使广大用户沦为“网络劳工”。然而，这种“网络劳工”现象尚未得到劳动关系研究者和管理者的足够重视。

三、互联网时代雇佣关系管理的挑战

在互联网时代，企业正在利用各种“创新”重新塑造传统的雇佣关系，无工会的中小微型企业成为雇主的主要组成部分，劳动者的就业和工作岗位变得越来越不稳定，企业高管和技术人员在不同公司之间的跳槽愈加频繁，临时性工作、人力资源外包、自己经营的工作者和独立承包人的数量大大增加。这将给传统的劳动关系管理模式带来巨大的挑战。

第一，以《劳动合同法》为基础的个别劳动关系难以有效管理互联网时代复杂多样的雇佣关系。传统劳动法理论认为，个别劳动关系的规范和管理是市场经济社会劳动关系调整的微观基础。劳动合同是调整劳动关系的重要手段，在建立和稳定劳动关系、实现人力资源的有效配置、保障劳动关系双方的权利义务方面具有积极的作用（程延园，2011）。然而，互联网时代的工作岗位和雇佣形式复杂多变，雇主不与劳动者签订书面劳动合同的情况逐渐增多。不仅如此，一些互联网公司的专业技术人才和高层管理人员由于工资水平较高，跳槽率也相当高，雇主没有与他们签订书面劳动合同的情况也不少见，导致互联网企业因未与这些高管人员和专业技术人才签订书面劳动合同而造成的劳动争议数量增加。如果忽视互联时代隐藏在网络媒体运作过程中的劳动权益问题（包括没有签订劳动合同的情形），再先进的互联网技术也同样会沦为资本进行统治的工具，劳动者的合法权益将无法得到有效保障。同时，雇主与员工之间频繁发生的劳动争议也不利于企业树立良好的社会形象，从而影响企业的长远发展。

第二，随着工会影响力的持续下降，以集体谈判为基础的集体劳动关系也难以在互联网企业发挥作用。近40年来，工会的影响力下降是市场经济发达国家的普遍趋势，一度强势有力的采煤业、报刊业等传统工会也在向管理方做出让步（菲利普·李维斯等，2005）。互联网企业的管理层掌握了工作场所中的雇佣关系控制权，甚至也在主导国家政策层面的雇佣关系控制权。首先，管理者在雇佣关系中的角色越来越重要，同时组建工会则越来越困难。以TX公司为例，自TX公司1998年在深圳成立以来，从来没有成立过企业工会。由管理层提供可观的企业福利是阻止工会成立的重要手段，比如为员工提供无息借款购房、免费班车等。其次，无工会的中小微企业是互联网行业中的主流雇主群体，尤其是创业型企业对大学生的剥削是一个不能忽略的重要问题。在大学生发起的创业型企业中，一方面是创业者的理想和激情吸引了大学生进行“大众创业、万众创新”，另一方面是这些创业型企业和投资者对大学生劳动力的剥削。根据华南理工大学黄岩教授的调查，在创业型企业中从事无薪工作、承担无薪劳动的大学生并不在少数，他们往往是创业投资失败的牺牲品。在这种无工会的中小微型企业和创业型企业中，推行基于劳工团结的集体谈判无疑是一个无法实现的梦想。根据国家教育部门统计，全国大学生创业的成功率只有2%，其中江浙和上海约4%，广东仅为1%，远低于欧美国家近20%的平均水平。在创业失败率如此之高的情况下，大学生在创业型企业中的无薪劳动和低薪工作现象值得深入研究。

第三，互联网时代是一个雇主和员工缺乏信任的时代。在互联网时代，雇主的目标是留住“优秀”员工，而期限是不确定的。与此相对应，员工的对策则是做好两手准备，一有更好的机会就跳槽，不管他们之前在面试或年度考核中如何向公司表忠心。这种相互欺骗导致雇主和员工的互不信任。从博弈论的角度来看，雇主和员工都不能从这种“囚徒困境”中充分获益，结果只能是双输：一方面，雇主不断失去有价值的人才；另一方面，员工无法充分投入当前的工作，因为他们正在不断地寻找新的更好的机会。对此，美国学者里德·霍夫曼等人认为，商业世界需要通过“联盟”重建雇主与员工之间的信任，建立有利于相互信任、相互投资、共同受益的雇佣关系框架。理想的雇佣关系框架应鼓励员工发展个人人脉，勇于开拓实干，而不是成为唯利是图的跳槽专业户（里德·霍夫曼等，2015）。这种基于信任的“联盟”关系在高信任度社会或许具有可操作性，但在基于特殊主义的低信任度的中国社会，“联盟”策略对企业而言是否具有现实意义，则是需要重新评估的。

最后且重要的是，互联网特别是手机互联网正在成为员工组织进行集体行动的有效工具。互联网特别是手机互联网的发展大大提高了信息的传播效率，方便了人与人或组织与组织之间的通讯联系。汪建华（2011）指出，以互联网为主的信息与通信技术作为动员中介，对代工厂工人的认知形塑和集体抗争时的内外沟通起到了重要作用。在互联网时代，企业“意见领袖”不再仅仅是来自于企业高层管理者，还可能是QQ、微博、微信、朋友圈里有影响力的普通员工。这些以80后和90后为主体的劳动者已经成为劳动力市场的核心力量。他们拥有更强烈的权利意识和法治观念，还能够有效运用手机互联网和各种现代通信软件进行积极的多样化的集体维权行动，影响、召集或者代表一个庞大的劳动者群体去发起集体行动，比如劳资对抗、自下而上的集体谈判等。近两年珠三角地区发生的多起劳工集体行动，都能看到QQ、微博、微信等手机互联网通信软件对事件发展的深远影响。这对传统的、严苛的企业管理制度和手段提出了严峻的挑战。可以说，互联网时代的企业比之前任何时代更需要“人性化的雇佣关系”。然而，也有研究者质疑互联网的重要性可能没有许多学者所想象的那么大（赵鼎新，2012）。把互联网置于“国家—市场—社会”的复杂互动关系中，审慎考察互联网在员工集体行动中的组织动员能力，是进一步深化理解互联网在雇佣关系中的作用的重要途径。

四、结论与讨论

20世纪50年代，管理学大师彼得·德鲁克提出了“从实践考察管理”的重要命题。同管理学一样，在雇佣关系领域，雇佣实践往往也走在理论的前面。雇佣关系的理论研究只有根植于实践活动才会有活力和创新。互联网尤其是手机互联网时代的到来，深深改变了包括雇佣关系在内的人们生活的各个方面。互联网时代的员工、客户与企业的关系正在发生重大变化，为了应对快速变化的市场环境和日新月异的技术进步，企业一方面必须有效整合和充分利用包括人才资源在内的各种内外部资源，尝试与员工建立一种合作共赢的新型关系；另一方面也在用机器人替代简单重复的人工劳动，以应对不断提高的劳动力成本。同时，互联网也改变了雇佣关系运行的各种规则，重塑了劳动力市场，基于个别劳动关系的劳动合同制度遇到了巨大的冲击，根植于集体劳动关系的集体合同制度难以有用武之地。同时，互联网特别是手机互联网的发展也为员工组织集体行动、争取劳动权益提供了便于沟通的有效工具。这些新变化对传统的劳动关系治理模式带来了巨大的挑战。

约翰·W. 巴德（2007；2013）认为，雇佣关系的目标是效率、公平与发言权。在一个民主社会中，雇佣关系应该寻求效率、公平与发言权之间的平衡。在互联网时代，雇佣关系治理同样需要追求效率、公平和发言权之间的平衡。近年来，美国硅谷逐渐形成了一种鼓励公司和个人相互投资的工作模式。“这是一个管理者和员工坦诚交流彼此目标和时间表的环境；一个管理者和团队成员商定的工作内容与其价值观和理想相符的环境；一个即使员工跳槽到了另一家公司，仍能与公司继续保持互惠关系的环境。”这种工作模式被称为“联盟”（里德·霍夫曼等，2015）。这种工作模式是否适用于中国社会和中国企业，尚需实践来检验。

特别要指出，互联网时代并没有从根本上改变雇佣关系的本质。今天绝大多数的社会学家都会同意，技术对于工作以及更为一般的工作场所中的社会关系并没有决定性的影响（马克里·科尔钦斯基等，2012）。“技术决定论”的讨论已经失去曾经的市场。而且，互联网时代的企业不仅仅包括高新科技产业、资本密集型产业，还包括大量的传统制造行业，比如五金、模具、印刷、包装、运输等，这些都属于劳动密集型行业，而且是与高科技产业和资本密集型产业密不可分的关联产业。不能天真地认为互联网时代的一切都是全新的，所以不需要关注过去资本主义发展历程中的经验教训。否则，我们很可能重蹈历史的覆辙。基于此，批判性的劳工研究是反思互联网时代雇佣关系不可缺少的重要视角。在这方面，我们还需要做更多扎实、细致的实证研究。

（本文曾发表于《中国人力资源开发》2015 年 14 期）

是劳动关系还是劳务关系

——以滴滴出行为例解析中国情境下互联网约租车平台的雇佣关系

彭倩文　曹大友*

一、问题的提出

互联网约租车平台的发展模式源自于分享经济的理念，是分享经济下的一种特殊形式。分享经济是指整合线下个人闲置物品以及服务者，基于移动互联网络平台，以获得一定报酬为目的的物品使用权转移的商业模式。据统计，2014 年全球分享经济市场规模达到了 150 亿美元，普华永道公司更是预计，到 2025 年分享经济规模将达到 3350 亿美元（李路，2015）。分享经济概念时下大热，但 2015 年 9 月，Uber 司机以集体诉讼形式起诉 Uber 公司，要求判定其司机为公司的雇员，而非独立承包商，早前美国加州劳动委员会已经判定 Uber 司机为公司的雇员，要求 Uber 公司支付其各项运营费用以及加班费（张颖，2015）。一时间，以“Uber 在美国遭受集体诉讼”为题的消息成为热搜，目前，加入集体诉讼的司机高达 16 万人。这一诉讼结果被认为是影响分享经济发展的关键，一旦联邦法院支持司机集体诉讼的要求，则

* 彭倩文，西南政法大学管理学院硕士研究生；曹大友，教授，硕士生导师，西南政法大学管理学院院长。

分享经济下的其他企业也将会面临同样的遭遇，将需要承担起高额的员工福利费用、运营成本等。在此之前，运营仅仅三年的Homejoy在2015年7月向其客户发邮件称，由于不堪劳工诉讼困扰而于月底永久结业。

随着中国分享经济的发展，网络预约出租车平台在中国“互联网+”的大背景下也如火如荼展开（蔡威，2015）。考虑到政府监管和政策风险，以神州专车、滴滴出行、易到用车等为代表的网约租车平台形成了中国特色的包含网约租车平台、司机、汽车租赁公司、劳务派遣公司的四方主体运营模式。这一模式虽然在一定程度规避了交通管理规定的约束，但司机与平台之间关系是劳动关系还是劳务关系的问题依然存在。交通部于2015年10月10日出台的《网络预约出租汽车经营服务管理暂行办法（意见征求稿）》中明确要求平台运营商需要与接入司机签订劳动合同（何敏，2015）。尽管这一办法还处于意见征求过程中，但其倾向性意见使得这一问题在中国的讨论和研究显得更加急迫。

有鉴于此，我们拟以滴滴出行为例，在简要剖析其运营模式的基础上，进一步从现行法律法规及劳动关系理论出发，对网约租车平台与司机间的关系进行探讨，以期激起理论界的关注，为政府部门的决策以及仲裁或审判机关的判定提供一些理论参考。

二、互联网约租车平台的运营模式解析

为了更准确地剖析分享经济下的网约租车平台与驾驶员之间究竟是什么关系，有必要对网约租车平台的运营模式进行一些介绍和讨论。目前，我国互联网约租车模式有两大类：第一类是重资产模式下的网约租车平台，以神州专车为代表，其车辆全部来自于正规租赁公司——神州租车，司机则由第三方劳务公司提供，上岗前需要通过相关培训，工作处于全程监控之下，司机与公司之间为典型的劳务关系（程絮森等，2015）；第二类是轻资产模式下的网约租车平台，以滴滴出行为代表，这类平台是B2C

和P2P混合的专车模式，其驾驶员来源更多的是私家车主和出租车司机，驾驶员与平台之间的关系则较为复杂。

（一）重资产运营模式

所谓重资产运营模式，是指网约租车平台拥有自有车辆以及自有司机，平台承担车辆的损耗以及司机的工资等成本，利用移动互联网为客户提供打车服务。这种模式的主要代表为神州专车，是典型的B2C模式。具体而言，神州专车的运营车辆来自于母公司神州租车，而其司机也是驾驶员服务公司的员工（如图1），并且神州专车的司机均为全职司机，他们经过神州专车平台的招聘面试、统一培训，然后与神州专车签订劳务合同。

图1 神州专车运营模式

神州专车董事长陆正耀表示其平台是“轻资产+重运营”，即神州专车和所有的平台一样都是依托互联网络平台技术发展，但是其运营中注重服务质量，以为需求者提供安全、高效的服务为目的，招聘专职司机并且监控其日常运行的成本，相比较其他网约租车平台可以称为重运营。这样的运营模式无疑是最贴近交通部2015年10月10日颁布的《网络预约出租汽车经营服务管理暂行办法（意见征求稿)》规定的。该办法要求运营公司取得出租汽车经营许可，专车必须登记为出租客运性质，司机要满足驾驶经历等条件，并按照规定考核后才能获得从业资格。

（二）轻资产运营模式

轻资产运营模式，顾名思义是指网约租车平台企业低成本、平台化运行，其车辆来源上充斥着大量的私家车，而司机也是私家车主，甚至在纳税上都会比重资产模式低很多，此种模式的主要代表是滴滴出行。滴滴出行是一家以互联网技术为基础以及利用分享经济模式，致力于服务出行困难百姓的新兴高科技企业，目前滴滴出行依托轻资产模式带来的低成本优势，正悄然改变着人们的出行方式。

滴滴出行的首席发展官李建树在中国互联网协会分享经济工作委员会成立大会上表示，目前滴滴平台上有135万名出租车司机、400万名专车司机、550万名顺风车司机以及150万名代驾司机。同时他谈道，滴滴平台上的各种出行工具解决了城市交通的高峰和非高峰出行不便问题，在高峰时段，滴滴会调动社会运力，承接大量的出行需求，而在非高峰期，这些运力会做自己的工作，比如兼职的快车司机和顺风车车主可以做自己的日常工作等。笔者通过对滴滴出行司机的访谈了解到，私家车主只需要一部智能手机去进行注册，验证自己的车牌号码就可以开始接单，而“自己平时也是做销售工作的，外出工作的同时也赚点养车费用”。对比交通部的《网络预约出租汽车经营服务管理暂行办法（意见征求稿）》，这样的运营模式（如图2）存在明显的不一致，但轻资产模式能使司机、乘客以及平台三方达到共赢，从真正意义上解决城市居民出行不便的问题，也能达到政府提倡的绿色出行的目的。根据易观智库最新数据显示，2015年第三季度滴滴出行的专车市场份额达到了83.2%（Robot，2015），居行业首位；这一数据表明滴滴出行轻资产模式获得了成功，虽然平台运营模式与现有政策发展趋势不一致，但数据表明这一模式是符合分享经济发展要求的。

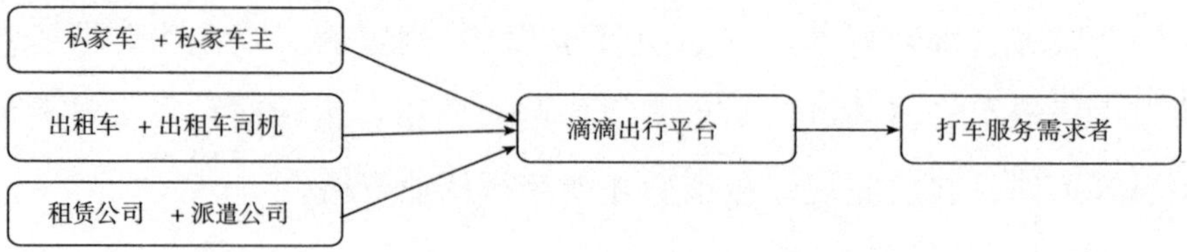

图2　滴滴出行打车服务运营模式

（三）两种运营模式对比

经过上述研究笔者发现，我国网约租车平台现阶段存在的轻资产模式和重资产模式各有利弊，下面将对两种模式特征进行对比性总结（如表1）。

表1 轻资产模式和重资产模式特征对比

特征模式	轻资产模式	重资产模式
车辆来源	私家车、出租车为主	租车公司车辆为主
驾驶员来源	私家车主和出租车司机	劳务派遣公司派遣
对驾驶员控制程度	控制少、自由度大	控制多
优点	组织灵活性大；成本低、投资回报率相对较高；运营风险小	更符合当下政策发展趋势；安全、高效
缺点	对驾驶员依赖程度高；服务质量不统一；进入成本低，竞争对手多	运营成本高，投资回报率低；容易受到竞争对手价格战的攻击

三、对劳动关系认定的质疑

不同运营模式下网约租车平台与其司机间的关系并不完全一致。重资产运营模式下两个主体间的关系是比较清晰的劳动力租赁关系，在此不再赘述。值得深入探讨的是轻资产运营模式下的雇佣关系问题。就笔者接触到的问题而言，比较有代表性观点的案例有两个，一个是来自美国加州劳动委员会的裁决意见；另一个是来自我国交通部前不久出台的征求意见稿。两个机构都做出了劳动关系的认定。笔者认为，这两个判定都在一定程度存在让人质疑之处。

（一）美国加州劳动委员会的裁决

2014年9月，美国洛杉矶一位Uber司机Barbara Ann Berwick在加州劳动委员会起诉Uber公司，主张自己作为全职司机应该获得雇员待遇，并要求Uber公司支付拖欠的工资以及其他费用共计4000多美元，最终裁决为这位司机是 Uber 的雇员（查丽华，2015）。深入分析裁决书中的理由部分，我们可以发现在加州劳动法中关于如何认定雇员和独立合同工主要依据的是加州 1989 年作出的 Borello 案件判决，形成了著名的 Borellotest 规则。

该规则主要考察雇主是否控制和有权控制雇员工作的各个细节，具体有 11 条（11 项规定原文来自于加州的劳动关系部门网站，“独立承包商与雇员”的内容，网址为 http：//www. dir. ca. gov/dlse/faq_ independentcontractor. htm）：①提供劳务的人从事的职业或业务是否与委托人不同；②该项工作是否为委托人或所谓的雇主日常业务的组成部分；③是委托人还是工人提供生产所需的设备、工具和场所；④因任务需要或者雇佣的帮手的需要，所谓的雇员对设备或材料有投资；⑤提供的服务是否需要特殊的技能；⑥参考当地的惯例，该工作的类型通常是需在委托人的指导下完成，还是由专业人员完成而没有监督；⑦所谓的雇员自身的管理技能是否影响其共享盈利或共担亏损的机会；⑧提供劳动服务的时间长度；⑨工作关系持久性；⑩报酬支付方式是依据工时还是依据工作内容或其他；⑪当事人是否认为他们构成雇主—雇员的关系，或对此有疑问。但该点并不起到决定性作用，因为这是一个基于客观事实检测的法律问题。

Borello 案件的裁决书中还提到，虽然有因素显示两者关系是独立合同关系，但是司机提供服务是 Uber 公司的主要业务，而且 Uber 对司机的控制表现为准入条件的控制、对司机的培训以及评分的管控等，由于 Uber 平台自身的特殊性质决定了不需要进行工作时间等条件的控制，因而不能判定为独立合同关系，而应该是劳动关系。

在笔者看来，首先，对准入条件的限制不能定性为对劳务方在法律上的行政隶属关系。其次，对驾驶员的培训是为了更好地完成自己分包出去的业务，并非平台的一项义务，而劳动关系中用工方对劳动者的培训是劳动法明确规定的义务，因而不能据此说明平台对驾驶员进行了控制。最后，对于驾驶员完成任务后的评分管控，不能断定为对雇员的控制类型，因为评分的管控只限于对驾驶员日后接单有影响，而并不能对正在完成的任务进行控制，正如劳务关系中提供的工作成果，成果合格就完成了合同义务，尽管不能让发包方满意，但发包方也只能先履行相应的义务，未来在发包任务时对该承包方进行限制；而劳动关系中评分管控是对过去工作报酬的控制和对未来劳动关系存在与否的双重控制。因此，加州劳动委员会认定为劳动关系的裁决是存在瑕疵的，不符合劳动关系的从属性特征。

（二）交通部征求意见稿的认定

交通部2015年10月10日出台了《网络预约出租汽车经营服务管理暂行办法（意见征求稿）》。该办法第十八条规定，“网络预约出租汽车经营者应当保证接入平台的驾驶员具有合法从业资格，与接入的驾驶员签订劳动合同，开展有关法律法规、职业道德、服务规范、安全运营等方面的岗前培训和日常教育，并将接入的驾驶员相关信息向服务所在地道路运输管理机构报备”。虽然无法得知其作出这一规定的具体理由，但很明显的是，这一规定基本是依据重资产运营模式作出的判断，而对存在已久的轻资产运营模式考虑不周。

根据我国劳动法以及相关法律规定，对劳动关系的界定有两大类，第一类是依据劳动合同而直接认定为劳动关系的存在；第二类是没有劳动合同的情形下，劳动关系的认定基本采用了从属性说，强调在劳动关系中雇主对雇员的控制，主要是人格上、经济上和组织上的从属性（刘建录，2011）。而实践中，2005年劳动与社会保障部颁布的《关于确认劳动关系有关事项的通知》中对事实劳动关系的认定是对从属性的发展，明确了未订立劳动合同时，同时满足以下三个条件即构成劳动关系：①主体合法，用人单位有用人资格，劳动者具备劳动能力；②劳动者事实上成为用人单位的成员，而且遵守用人单位制定的各项规章制度，受到用人单位的管理，并提供有偿劳动；③劳动者提供的劳动构成了用人单位业务的组成部分（苏庆华，2015）。

对比事实劳动关系认定的三大标准，我们发现，滴滴出行平台与司机都符合《劳动法》规定的主体资格，而且司机提供的服务是滴滴出行平台的主要业务组成部分，司机提供的服务是有偿劳动（滴滴出行平台明确规定了收费标准，并每周给司机结算一次费用），但是滴滴出行的司机并不受到滴滴平台的控制，他们可以任意地选择工作时间等，因此，将滴滴出行平台与司机之间的关系认定为劳动关系并不完全符合现有法律规定。

从另一角度看，互联网预约租车平台的发展是我国正在大力提倡的“互联网+”主题下的新型商业模式，对经济发展的促进作用非常显著，能激发全民族的创造活力，但是这一商业模式的发展也需要建立在对社会各方利益的充分保护的基础之上。如果简单认定为劳动关系，可以预计，滴滴出行平台现有轻资产模式必须进行变革，滴滴平台上的私家车驾驶员会被迫离开，而全职驾驶员也必须要经过正规的招聘和培训并获得相应的职业资格证书才能上岗，因此滴滴平台与驾驶员间要改变以前的松散合作关系，变为雇佣关系，此时的滴滴平台需要承担员工的基本工资、加班费用、社会保险等一系列的成本，资本投入之大可想而知。而这些资金成本最终将转嫁到消费者身上，有违专车运营改善城市居民出行昂贵的初衷，也不符合分享经济下对闲置物品使用权进行交易来获得报酬的定义。

更为严峻的是，在这种情形下，滴滴出行平台将会面临司机和车源短缺的情形，自身有工作的私家车驾驶员可能会消失（我国不提倡双重劳动关系）、私家车由于没办法更改车辆使用性质而被拒之门外，或者即使能够更改车辆使用性质，但从经济学角度来说，专车对车龄控制严格，不符合投入产出比，因而私家车主也不愿意把私家车性质更改为运营车辆。面对这些情形，75%都是私家车构成的滴滴出行将会面临重大挫折。从法学来说，新兴的商业模式对传统雇佣关系的冲击已经成为现实，在该种模式下劳资之间的关系定位不能仅限于目前已存在的法律条文规范，抑或是为了维护社会和法律的稳定性而定义两者之间为劳动关系，更多地应该考虑到现有的法律条文是针对社会中已经成熟的商业模式适用，而对网约租车平台这一新兴商业模式并没有在立法时予以考虑，生搬硬套只能扼杀分享经济的发展，违背经济基础决定上层建筑这一定律，新的劳动权保护方式应该是有利于经济发展、推动创新的，因此有关部门应该对网约租车平台各方关系进行深入观察和分析，形成更加符合这一新兴经济形式的法律规范，以保护各方的利益，实现网约租车平台发展与劳动者保障双赢的局面。

四、劳务关系认定及其依据

劳务关系是指两个或者两个以上的平等主体之间就劳务事项进行等价交换形成的权利义务关系。目前对劳务关系的调整主要由《合同法》和《民法通则》实现（龚潇，2013）。理论上，界定是否存在劳务关系需要满足下面三个条件：①双方提供劳务过程中不存在监督与被监督的关系，双方是平等主体之间的合同关系；②劳动者向用工者提供一次性的或者特定的劳动服务，当事人之间的关系具有临时性、一次性和短期性的特点；③若无特殊约定，生产资料由劳动者提供。但是劳务关系和劳动关系的区别主要是看劳动者是独立的还是从属的。在雇主与雇员的关系中，如果雇员相对独立，可以在工作过程中自作主张，不必受到雇主的控制，那么应该判定为劳务关系（李坤刚等，2015）。

（1）滴滴出行平台与驾驶员的主体性质及其关系。

劳务关系主体之间只存在财产关系，没有从属关系，劳务提供者可以自由地选择提供劳务的时间、方式等要素；而劳动关系的主体之间存在着组织依赖性、经济从属性和人格上的从属性，劳动者需要听从用工方的指导，两者之间具有行政隶属关系。据调查，滴滴出行平台上的驾驶员可以灵活地选择工作时间、工作地点，自愿选择是否承接某一订单任务，并且只有当驾驶员接单成功并完成任务后，才能从滴滴平台上获取订单额的80%作为报酬，因而两者之间只有经济关系，而没有从属关系。

（2）滴滴出行平台与驾驶员之间的报酬性质和支付方式。

劳动关系中的劳动者报酬具有非市场性，往往是按劳分配为主，多种分配方式并行，支付方式表现为稳定、定期的支付；而劳务关系中的劳动者报酬是按照市场上的等价有偿原则进行的，报酬与市场上的供需变化等紧密相关，支付方式表现为一次性或者阶段性支付。滴滴出行平台与驾驶员之间的报酬是由驾驶员接单数量决定，具有市场性，而且报酬支付方式也是在等价有偿原则下一周支付一次，若驾驶员在这一周没有接单，则报酬为零，因而从这一角度来看，判定两者之间为劳务关系更为合适。

（3）滴滴出行平台与驾驶员之间的生产资料提供方式和责任承担。

劳动关系中，用人单位需要提供办公场所、厂房等一系列的生产资料，劳动者只需要提供劳动力即可；而劳务关系中，若无特殊约定，一般由劳动者提供生产资料。滴滴出行平台自身只是信息中介，促成交易双方达成交易，最终由驾驶员自由选择接单。完成订单时的车辆等服务所需资料也都由驾驶员自身提供。通过对滴滴出行平台与驾驶员签订的协议进行分析，笔者发现出现任何的交通违规等事项都由驾驶员自身负责，符合劳务关系中对于责任承担的规定，因而从这个角度来说，两者更符合劳务关系的特征。

通过上述论证显示，分享经济下的滴滴出行运营平台与司机间没有签订劳动合同，且司机可以自由选择工作时间，作为生产资料的汽车也由司机提供，这些事实都满足了劳务关系的认定标准。虽然有学者提出滴滴出行的其他特征也满足了一些劳动关系的认定标准，且认定为劳动关系更有利于保障劳动者的合法权益。但是随着社会的发展和用人方式的变化，我们不能用传统的法律思维去规制新型的商业模式发展，而是需要深刻地理解分享经济的本质，即利用闲置的物品、劳务等使用权换取更多元化的收入，提高人们的生活水平，而不是要把分享经济下的灵活就业、碎片化工作模式固化为全日制工作模式。因此，对滴滴出行平台与驾驶员之间的关系认定为劳务关系更符合当下经济、社会发展趋势，也符合我国法律对劳务关系的认定标准。

当前，我国劳务关系主要由《民法通则》和《合同法》相关条文进行调整，因此将滴滴出行与其驾驶员之间的关系定位于劳务关系之后，两者之间的关系成为平等主体之间的民事权利义务关系，所以现阶段若出现权益纠纷则应该遵从市场经济发展规律，首先让双方之间就争议问题进行平等协商，上诉至法院则按照现有法律条文进行判决；但是新兴商业模式的发展对传统的法律规范已经带来了挑战，因而相关政府部门更应该加快对现有法律条文的修正抑或出台适宜的政策法规来专门应对两者之间的权益纠纷，除了在关键环节上的监管之外，还需要创新劳动合同形式以及相应的保险产品如座位险等，以更大的灵活性来适应分享经济的发展，为践行“大众创业，万众创新”提供良好的政治环境。

（本文曾发表于《中国人力资源开发》2016年02期）

互联网平台企业新型劳动关系特征及劳动者权益保护①

谢玉华　苏　策*

“互联网 +”时代催生共享经济兴起，互联网以其强大的信息存储、信息互通、信息处理等功能，显示出了强大的发展趋势和潜力。互联网的发展带来了全新的生产模式、消费模式和企业运营模式，其管理模式、组织形式和内部的员工关系发生了潜移默化的改变。在这种新型组织中，工作场所的不固定性、工作时间的不确定性、服务对象的多元化等因素都使雇主与雇员之间关系发生改变。而互联网平台企业发生的一系列劳动者的抗争事件又显示，如何规范这些新型劳动关系，促进互联网企业发展的同时保护劳动者权益，是一个亟待解决的问题。

一、劳动关系的本质及核心要素

理解互联网企业新型劳动关系，要从劳动关系的本质入手。

---

① 本文为国家社科基金项目“多方合力下的工资集体协商生长路径研究”（13BGL112）、湖南省2016年社科重大招标项目“补齐民生短板、促进社会公平的思路与对策研究”（16ZDA16）的阶段性成果。

* 谢玉华，湖南大学工商管理学院教授，博士生导师，企业社会责任及劳动关系研究中心主任；苏策，湖南大学工商管理学院研究生。

（一）劳动关系的本质

劳动关系，又称之为劳资关系、产业关系、劳使关系、雇佣关系、劳工关系等，这些概念有不同的内涵外延，但涉及的主体和核心是一样的。本文对这些概念的细微区别不作探讨，遵循中国学界的习惯，使用“劳动关系”的表达方式。

约翰·巴德（John. Budd）认为，劳动关系（Labor Relations）是随着国家和市场的条件变化，通过合同实现劳动与报酬之间的一种交换关系。惠特·菲尔德（H. Whitfield）认为劳动关系是劳动者为雇佣单位提供有回报的劳动，并在实现过程中建立的权利义务关系。马克思（K. Marx）将劳动关系概括为资本所有者或其经营者与劳动力所有者及其组织之间的关系。桑德沃（M. H. Sandver）则认为劳动关系是“劳工以集体意志之展现透过集体协商等方式取得与雇主间之平衡关系”。鲁道夫·特劳普（Roudolf Traub－Merz）将劳动关系定义为“描述资方与劳方之间的交换关系，包括的是劳资之间及其代表之间旨在构建企业、行业、全国层面或跨国层面的劳动状况与条件之间而存在的各种合作形式与冲突关系”。程延园提出，“劳动关系是雇员（劳动者）与雇主（我国称用人单位）之间在劳动过程中形成的社会经济关系的统称”。也有学者提出，传统劳动关系基于生产者与生产资料的分离，劳动关系是指劳动力所有者（劳动者）与劳动力使用者（用人单位）之间，为实现劳动过程而发生的一方有偿提供劳动力，由另一方用于同其生产资料相结合的社会关系，因此劳动关系的核心是对劳动力商品的交换。由于劳动者是以让渡劳动力使用权来换取生活资料，用人单位要向劳动者支付工资等物质待遇。就此意义而言，劳动关系同时又是一种以劳动力交易为内容的财产关系。

劳动关系的产生源于寻找世界范围内“劳工问题”的解决之道。早期工业化国家的“劳工问题”随着工业化进程而迅速发展。1919 年发表在纽约商业协会的《劳动关系报告》指出，“供给需求法则作为固定工资和雇佣条件的决定因素”，而“这一经济法则的许多结果对于雇主和雇员双方的利益都是不公平和不利的，并且不是社会所希望的”。相似地，一个英国雇主注意到，“大部分工厂仍然依照了曼彻斯特经济学派的放任主义原则。这一学派的学说导致了付给工人尽可能少的工资，并且只为其社会生活提供法律上必要的物质条件”。从这些表述可以看出，劳动关系是建立在劳动力的交换基础上的；早期的工资和雇佣条件遵循自由主义，由劳动力的市场供求决定，因此将劳动力的交换规则等同于一般商品的交换；早期的劳动关系中雇主有较高程度的决定权和控制权。

但是，也有学者提出，劳动关系的核心原则是：劳动力是人的具体化，劳动力并不是商品。韦伯夫妇（Weberand Mrs. Weber）在1897年提出，资本家宣称劳动力是一种商品，而工资合同是和其他商品一样的买卖协议，是非人道主义的。美国早期劳动关系学者理查德·艾利（Richard Ely）在1886年撰写的著作《美国劳工运动》中宣称，“与劳动相分离的劳动者不再是文明土地上的商品，而是他自己的一种目的，因为人是一切经济生活的开始和终结”；劳工组织通常有利于经济，这是因为他们平衡了“单方面决定价格和劳动条件，以及雇主对雇员近乎无限的控制”。亨利·卡特·亚当斯（Henry Carter Adams）也提出了类似观点，在其论文《国家及工业活动之间的关系》（1887：78－88）中，提出“劳动关系应该成为所有法律的终极目的，触及商业问题，维持竞争活动的良性结果，同时保护社会免受无节制竞争带来的恶性结局”。巴德（John. Budd）在《人性化的雇佣关系》一书中重申了劳动力的人性维度，其他大批劳动关系学者也强调这一点。随着工业化的进程的推进，新古典劳动经济学中基于劳动力商品模式以及无摩擦的供求关系的雇佣关系假设已经无法解释经济现象，不平衡的自由贸易劳动力市场模式是产生劳工问题的主要原因，应该进行彻底改革并重新设计制度流程，关于劳动力的人性特征及劳动力市场的干预和规制为理论和实践界接受。

综上所述，劳动关系首先是一种交换关系，但它又不同于一般的商品交换，必须建立在人性基础上。同时，劳动关系是雇主和雇工既合作又博弈、以达到利益均衡的关系总和。

（二）劳动关系的核心要素

在传统的劳动关系中，员工与管理方（或雇主）之间的联系主要体现在：在固定的工作场所，员工在管理方（或雇主）的指挥和安排下使用管理方（或雇主）提供的生产工具从事劳动，并以此从管理方（或雇主）那里获得工资等形式的劳动报酬。从属性是界定劳动关系的通常依据，劳动关系是劳动者与用人单位之间因从属性劳动而发生的财产关系和人身关系。国际劳工组织颁布的第 198 号《雇佣关系建议书》有明确的建议标准，分别从人格从属和经济从属两个方面概括了界定劳动关系时应该考虑的要素。人格从属性是指雇主对劳动者的人身控制和工作监督程度；经济从属性是指劳动者的报酬及劳动条件的被决定性。

根据我国《劳动法》以及相关法律规定，对劳动关系的界定有两大类，第一类是依据劳动合同而直接认定为劳动关系的存在；第二类是没有劳动合同的情形下，劳动关系的认定基本采用了从属性说，强调在劳动关系中雇主对雇员的控制，主要是人格上、经济上和组织上的从属性。实践中，2005 年劳动与社会保障部颁布的《关于确认劳动关系有关事项的通知》中对事实劳动关系的认定是对从属性的发展，明确了未订立劳动合同时，同时满足以下三个条件即构成劳动关系：①主体合法，用人单位有用人资格，劳动者具备劳动能力；②劳动者事实上成为用人单位的成员，而且符合用人单位制定的各项规章制度，受到用人单位的管理，并提供有偿劳动；③劳动者提供的劳动构成了用人单位业务的组成部分。

考夫曼（B. E. Kaufman）在 2010 年发表于《产业及劳动关系评论》的文章中指出，劳动关系的核心要素包括企业和相关的内部劳动力市场，雇主在生产法则中协调、激励以及指导雇员的劳动过程，以及通过供给需求配置企业和工人，并界定劳动服务产权买卖的企业外部劳动力市场。

综合劳动关系内涵的理论和实践，本文认为，劳动关系的核心要素包括雇主的合法性、雇员的经济从属性和人格从属性、双方契约等方面。

（1）雇主的合法性。

科克斯（Cox，1971）在研究生产的社会规则中，就提到了资方应该拥有足够的生产要素，劳动力要素不可或缺；康芒斯（Commoms，1950）也提到，只有建立了财产权，核心的经济概念才能被确定下来；考夫曼（2010）提出企业的生产功能是与投入资本、劳动力、自然资源相关的。劳动力投入是由公司内部劳动力市场的初次分配和协调，而后转化为生产功能或“劳动过程”的产出。我国《关于确认劳动关系有关事项的通知》中对事实劳动关系的认定，第一条即为主体合法：用人单位有用人资格，劳动者具备劳动能力。而拥有用人资格的企业必须为以营利为目的，能自主经营，独产核算的经济组织。由此可见，以往的产业理论学者和相关法律普遍认为，作为劳动力使用者，应该拥有足够的资本和生产要素，而劳动力要素是生产要素的重要组成部分。作为雇主，负责组织生产运营；对生产过程进行监管。

（2）雇员的经济从属性和人格从属性。

雇员是劳动关系的另一个主体——劳动者。“劳动关系中的劳动者，是指在受雇于他人，以劳动工资收入为基本生活来源的体力和脑力工作者”。

经济从属性体现在是否定期向劳动者支付报酬，这种报酬构成劳动者唯一或主要收入来源，包括以食物、住房或交通便利等实物形式付酬；对每周休息和每年的节假日等权利的承认；下达工作的一方提供劳动者为完成工作所需的劳动条件；雇主承担经营和财务风险而劳动者没有财务风险。

劳动者的劳动是雇主（用人单位）业务的组成部分，是我国判断劳动关系的一个重要标准；而工资等劳动报酬是作为雇员（劳动者）付出劳动的回报。这表现出雇员的经济从属性，即雇员（劳动者）的收入是需要雇主（用人单位）支付的。有学者提出工资是贯穿劳动关系的最重要轴线；也有学者提出工资作为劳资双方的中介，具有单纯利益交换和双向关系维护两方面的性质，体现出工资的契约公平和身份保障两方面的特性；也有学者认为工资具有市场性和社会性，一方面工资作为员工付出劳动后的回报，保证其生活发展的支出，另一方面工资也表现了员工的地位、契约达成、承诺和关系维护。

不但如此，雇员（劳动者）还对雇主（用人单位）产生人身依附。由于劳动力的存在和支出与劳动者人身不可分离，劳动者向用人单位提供劳动力，实际上就是劳动者将其人身在一定限度内交给用人单位。劳动关系一旦形成，劳动者就成为用人单位的成员。虽然双方的劳动关系是建立在平等自愿、协商一致的基础上，但劳动关系建立后，双方在职责上则具有了从属关系。用人单位作为劳动力使用者，要安排劳动者在组织内和生产资料结合从事生产活动，这种活动有固定的场所、固定的时间。而劳动者则要通过运用自身的劳动能力，完成用人单位交给的各项生产任务，并遵守单位内部的规章制度，服从用人单位的指挥和控制。

（3）契约与合同。

雇主与雇员的关系是由契约决定的。卡茨（Katz）在1937年就提出，企业是契约的集合，企业的本质是契约关系，劳动契约是企业的核心契约。劳动契约的实质是雇佣双方就劳动者人力资本的使用权所达成的一种协议，与一般的商品交易契约相比，雇主只拥有该劳动者的人力资本使用权却不能拥有对劳动者人力资本的所有权。劳动契约通常决定劳动者的劳动条件和劳动报酬。我国《劳动法》明确规定，劳动合同是劳动者与用人单位确立劳动关系、明确双方权利和义务的协议；而建立劳动关系应当订立劳动合同。

当然，劳动契约包括显性契约和隐性契约。丹（Dan A.，2010）提出劳资契约，既包含显性契约，即劳动合同，包括书面的和口头的；也包括隐性契约，包括心理契约。冯同庆提出中国的工业劳动关系，在其产生的时候就附着了自身特有的非契约要素；尼尔（M. C. Neil，2004）认为现代劳动关系中的契约不是凭借相互之间的承诺，而是靠相互之间的信任。

二、案例分析

本文采取案例研究方法。通过结合具体的情境和动态过程，对现象进行翔实的描述，进一步分析案例的发展过程机理。案例研究数据主要源于二手资料，通过大量查阅公开资料，多渠道获取原始资料，包括企业官方网站、新闻报道、公开发表的领导讲话、期刊文章、视频以及其他网站发布的相关信息，并在此基础上进行分析。

（一）案例选择

基于对互联网平台企业的资料检索，本文案例分别从租车行业、餐饮行业、医疗行业和家政行业各挑选了一家典型 P2P 互联网企业进行分析。这些 P2P 模式下的企业都存在劳动用工的问题，四家企业的问题各异并且各自问题在不同发展时期也有不同的特点。它们分别是滴滴出行、饿了么、春雨医生、无忧保姆。以上企业均是涉及衣食住行等日常生活各个环节的平台企业，具有较好的行业代表性。

滴滴出行是一款打车平台软件。每天为中国 360 余座城市近两亿用户提供打车服务，每天平均完成订单约 700 万个，共有平台司机约 1100 万人。经过 1 亿美元 C 轮融资后，滴滴已从出租车打车软件，成长为涵盖出租车、专车、快车、顺风车、代驾及大巴等多项业务在内的“一站式”出行平台。

饿了么是中国知名的互联网在线外卖订餐平台。截至 2015 年，饿了么覆盖城市 250 座，在线用户 2000 万人，日均订单数超过 100 万个，占外卖市场的 60%。饿了么运用 SOA 架构，整合了线下餐饮品牌和线上网络资源，将网站平台系统、移动端应用、在线支付系统、业务后台、餐厅管理系统和数据库通过数据接口紧密结合起来。

春雨医生被认为是“互联网 +”医疗的典范，其健康应用 APP 进一步缓解了就医难问题。2011 年 11 月，春雨医生移动客户端平台正式上线；

2013 年推出 Web 端寻医互动社区；2014 年获得 C 轮融资 5000 万美元。截至 2015 年 7 月，春雨医生已拥有 6500 万名用户、20 万名注册医生和 7000 万条健康数据。

无忧保姆是北京家事无忧家政服务有限公司 2008 年 5 月建立的网络家政平台，提供“一站式”保姆、小时工、月嫂、育儿嫂服务。截至 2014 年，无忧保姆网共服务客户超过 20 万人；累计有 15 万名保姆在线接受客户挑选，共为保姆创造收益 50 亿元。2015 年 9 月，无忧保姆网完成 A 轮融资 2000 万元。

（二）案例分析

本研究选取的四个案例企业均为互联网经济环境中具有较高认知度的平台企业，其发展潜力和运营能力较好，商业发展模式和战略布局均有各自的特点。根据第二部分的理论研究，我们将四家企业涉及劳动关系核心要素的内容进行分析。

（1）滴滴出行。

滴滴出行作为租车平台企业，采取轻资产运营模式，前期投入大量资金吸引用户和司机，专注于平台的建设和实现资源的共享。与此同时，滴滴平台上的驾驶员可以灵活地选择工作时间、工作地点，自愿选择是否承接某一订单任务，并且只有当驾驶员接单成功并完成任务后，才能从滴滴平台上获取订单额的 80% 作为报酬。

随着市场的扩大，滴滴逐渐减弱了对司机的补贴力度，并且从订单中抽取一定份额作为平台的运营费用。滴滴出行也逐步加强了对滴滴司机的控制，由最初的乘客单一评价变为乘客评级、司机的接单量、服务水平的综合评价。综合评价影响司机的补贴额或派单质量，进一步影响司机的收入。滴滴平台与司机之间不签订劳动合同而只签服务协议。2015 年，多个城市发生了滴滴司机由于收入减少等问题而停工的事件，迫使政府出台一系列文件加强网约车市场的监管。

（2）饿了么。

饿了么的平台注册对象包括个人注册和个体工商户注册，是典型的轻资产运营模式。平台注册简单方便，商家只需要根据订单制作食品，并基于自身实力选择是否自行配送或请平台配送员进行配送，入驻平台的商家并不依附于平台而仅作为一种网络营销手段，平台对商家基本不存在控制。饿了么的盈利模式也随着规模壮大在不断调整，由原来收取固定8%交易额向多元化盈利方式转变。商家的经济收入主要依靠订单量和消费额，除了向平台提交8%的抽成外，与平台的经济关系并不紧密。平台和商家之间不签订书面协议，两者之间的契约关系较弱，商家在选择是否入驻和退出方面具有很大的自主权。

2016年3月15日，中央电视台“3·15晚会”曝光了饿了么网的线下黑作坊，在此之后平台加强了对商家的监管：取消了个人注册；没有营业执照和食品质量安全许可的商家不能进行注册成为入驻商家，注册信息和审查流程也逐步增加。平台也通过增加客户评价、加强实地检查等方式，大大增加了对商家的控制。

（3）春雨医生。

春雨医生是互联网医疗的平台企业，线上业务不断发展的同时开展线下业务，典型的“O+O”商业运营模式将医生和病患之间联系更为紧密。平台签约的医生具有较大的自主性，根据自己擅长的诊疗领域自主选择，通过患者的症状给出诊疗建议，并获得一定的酬劳；平台主要依靠给医生补贴和分成来保持在线回复率和线下坐诊率，但其主动权仍掌握在医生手中。根据春雨医生的资料，其线上医生多来自三甲医院的主任医师，其工作主要隶属于原单位，人身依附性较弱。平台和优质医生之间签订服务协议，医生可以自主选择服务方式，两者之间存在事实劳动关系但并不明显。

随着经营模式的线下拓展，春雨医生网络平台也在培养自己的专职医疗团队，建立线下医疗诊所。部分医生在平台上收入可观，放弃了公立医院的岗位，成为春雨医生的专职医生，可以根据实际情况提供更加立体化的服务内容，还可以对服务的各项内容进行定价。

（4）无忧保姆网。

无忧保姆的线上平台建设依托于其线下的直营连锁门店，逐步由重资产运营向轻资产运营转变。家政人员的信息全部在网上公示，需要家政服务的用户通过确定筛选条件在线挑选心仪的家政服务人员，平台直接派单并进行实时跟踪。家政人员并不需要在固定的时间和地点等待调遣，只需要查看手机客户端的未完成任务即可，平台对家政人员发挥了指挥和控制作用。家政服务的报酬由门店企业统一支付，基于线下的实体公司建立的平台，其劳动争议和纠纷较少，原因在于两者之间的契约关系较为明确。为平台服务只是原实体企业的业务组成部分，家政人员仍是原企业的员工。

随着平台的不断拓展，无忧保姆开始建立全国联网的保姆数据网，力求吸引全国各地的家政人员主动注册。线上平台的拓展使无忧保姆的付酬方式、管理和控制能力发生改变，传统的线下门店支付无法满足大范围跨区域薪酬支付，注册家政人员的管理也将趋于网上平台化运作，而无忧保姆线上的控制权远不如线下管控的效果。

比较四家互联网平台企业的新型劳动关系要素，得出典型案例的劳动关系核心要素对比表如表 1 所示。

表 1　典型案例的劳动关系核心要素对比表

	滴滴出行	饿了么	春雨医生	无忧保姆
合法的雇主	轻资产运营；平台提供方	轻资产运营；平台提供商	轻资产运营为主；平台提供商；线上和线下运营相结合	轻资产运营和重资产运营相结合；平台开发商
劳动者的人身依附	较强的自主性和灵活性；对劳动过程部分监管；对劳动者有限控制权	强自主性和灵活性；对劳动过程基本无监管；对劳动者基本无控制	审核和挑选服务者；医生具有较强的主动选择性；对劳动过程无监管控制	线下实体店员工转为线上服务者；人身依附性较强；对劳动过程有一定的监管

续表

	滴滴出行	饿了么	春雨医生	无忧保姆
劳动者的经济依附	由消费者支付报酬；平台抽取分成；等价有偿的原则	由消费者支付报酬；平台收取服务费；灵活多元的费用支付制度	平台与医生收入分成；“线上+线下”私人医生服务年费制度；依靠多轮融资给予医生高额补贴	劳动者的报酬由公司统一定期支付；公司对其经济收入负责
合同与契约	无劳动合同，签订“服务协议”；劳动者忠诚于行业；缺乏权益保护	无书面协议；无忠诚度；基于信任的弱契约关系	不签订劳动合同；依靠高额收入吸引医生和维持稳定性	签订劳务合同；较为明确的劳务关系
重要事件	滴滴 UBER 司机万人停工	“3·15 晚会”饿了么黑作坊曝光	三甲医院主任医师坐诊线下诊所	建立全国联网的保姆数据库
重大事件的处理	冷处理，淡化负面影响	加强监管，个人注册取消	线上模式向线下运营拓展	线下运作向线上运营拓展

（三）案例总结

通过以上分析可知，互联网平台企业的劳动关系核心要素发生了根本性变化。首先，雇主作为劳动力使用者不再拥有丰富的生产资料和要素，而轻资产运营极大地提高了生产效率。其次，雇主对劳动者劳动过程的控制逐渐减弱，劳动者工作灵活性增强，劳动者不一定从平台企业获得工作报酬，而是直接从服务对象方获得服务费。由此可见，劳动者对平台企业的经济从属性和人格从属性都不断弱化。再次，平台企业提供服务的劳动者大多与平台企业没有签订劳动合同，只有服务协议或弱信任关系。平台企业的这种用工方式对传统劳动关系核心要素提出了新问题和挑战，如图 1 所示。

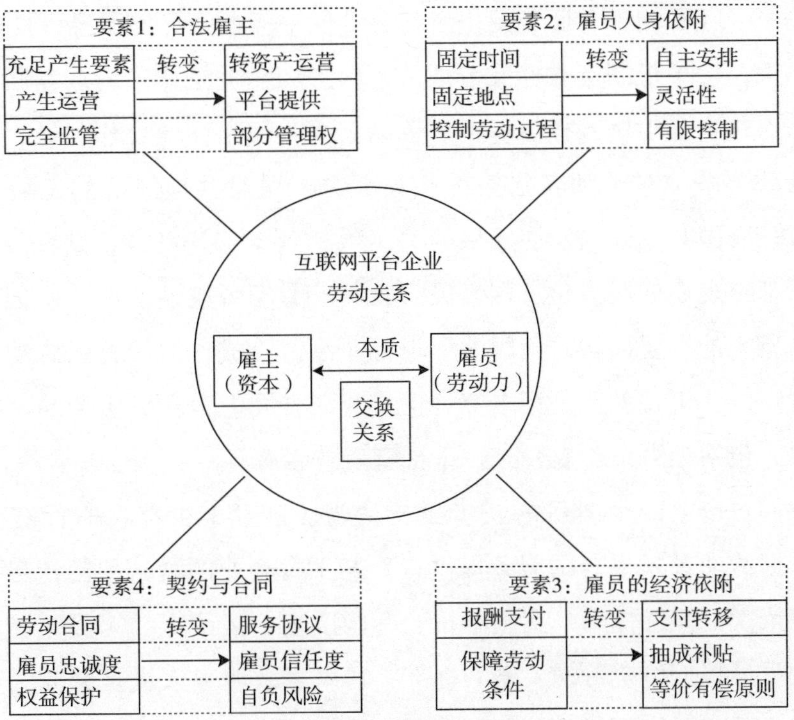

图1　核心要素变化模型

三、新型劳动关系的劳动者保护

上述四个案例体现了互联网平台企业的新型劳动关系的特点。在共享经济中，劳动者（平台的服务提供者）与平台企业是否形成了劳动关系，国内外学术界一直存在争论。这一争论预示着："非此即彼"的传统劳动关系界定，已不适应理解共享经济下的互联网平台企业与劳动者之间的关系，因为传统劳动关系基于生产者与生产资料的分离，其核心是对劳动力商品的交换。而依靠平台提供信息、实现利润分成的互联网平台企业并不依靠对劳动力商品的交换获取利润，这使得劳动者越来越像独立的市场主体。新型劳动关系的出现需要创新劳动关系本质及内涵。

不管是否界定为劳动关系，有一个事实是，随着"互联网＋"经济的发展，为平台工作的人越来越多。而我们现有的法律体系，主要针对标准劳动关系。互联网平台服务提供者的劳动保护问题亟待提上议事日程。

第一，应尽快制定非标准劳动关系保护的相关法律政策。互联网平台企业都声称自己与服务提供者不是劳动关系，而是商业合作关系，因此不承担劳动关系中对劳动者保护的相关义务。这对共享经济的发展是不利的，也与我国共享改革发展成果的“民生”理念不相符合。世界各国劳动力市场都出现雇佣灵活化，探索灵活雇佣下劳动者权益的保护成为劳动关系学者研究的重要话题。我国非正规就业已占六成，根据我国劳动法律的相关规定，非正规就业是指未签订正式劳动合同但存在事实劳动关系的就业形式，包括钟点工、农民工、平台型就业者等。

我们对以上四个案例的初步分析认为，这里至少存在非标准劳动关系。依据劳动者（平台的服务提供者）与平台企业的紧密程度，四家企业的排序依次是无忧保姆、滴滴出行、春雨医生、饿了么。无忧保姆与家政服务人员最接近传统劳动关系的标准，尽管家政服务人员是劳务派遣公司的员工，不与无忧保姆签订劳动合同，但他们与无忧保姆存在事实的劳动关系。滴滴出行、春雨医生与服务的提供者形成了非标准劳动关系。而饿了么平台与服务提供者介于客户关系与非标准劳动关系之间。

第二，要从完善集体劳动关系角度建立互联网平台企业就业者的劳动保护。建立互联网从业者行业工会，由行业工会与平台企业（行业）就利润分成、工作条件、劳动保护等进行行业集体谈判；行业工会同时还接受从业者个人投诉，代表个体维权。

第三，互联网平台企业可以建立行业雇主联盟，制定行业规范，引导行业自律；以主动合作的姿态接受社会监督，遵守国家关于信息安全的相关法律，确保对各种信息的合法利用；主动承担社会责任，处理好公共利益与商业利益的关系，保护平台服务提供者的基本权益，实现互利共赢、创造共享经济的基业长青。

从“赶工游戏”到“老板游戏”[①]

——非正式就业中的劳动控制

郑广怀　孙　慧　万向东[*]

一、问题的提出

进入21世纪以来，资本主义不断深入的全球化深刻地改变了工人的劳动过程，裁员、撤资和资本外流越来越普遍，从事临时性工作、未能组织化的工人越来越多。工作不稳定、低工资和无福利已经成为全球工人阶级面对的主要问题（Pierce，2001）。作为全球资本主义链条中的主要成员，中国也呈现出类似趋势。据估算，2005年中国从事非正规就业的人数为1.63亿人，其中农民工从事非正规就业的比例远高于城市劳动力（薛进军、高文书，2012）。可以说，非正式就业已成为中国农民工的主要就业形式之一。

2010年，我们开始频繁接触在广州市中大布匹市场周边小型制衣厂工作的农民工，在实地调查及提供社会工作服务的过程中，我们注意到，他们所处的恶劣劳动环境、糟糕的权益状况与他们努力工作、争当“老板”

① 本文是2013年度教育部哲学社会科学研究重大课题攻关项目“户籍限制放开背景下促进农民工中小城市社会融合的社会管理和服务研究”（13JZD018）的阶段性成果。本研究的资料收集曾受到广东省千禾社区基金会、中山大学研究生院“研究生公益学习项目”的资助，特此致谢。

* 郑广怀，华中师范大学教授；孙慧，广州市团校助理研究员；万向东，中山大学副教授。

的信念和行动形成了巨大的反差。一方面，他们处于高风险、不稳定、艰苦的非正式工作状态中，基本上没有劳动合同，更不用说参加社会保险；超时加班和高强度劳动对他们而言司空见惯；他们身处高噪声、多扬尘的环境，工伤事故时有发生且得不到法定赔偿（联合课题组，2011）。另一方面，他们积极地投入工作，希望通过自己的努力逐步成长为掌握制衣技能和市场行情的"师傅"，进而跃升为自己开厂的"老板"。我们发现，多数制衣厂老板是从其他制衣厂的师傅转化而来的。只要能够接到订单，再加上租用厂房和二手设备的少量资金，一家新的制衣厂就可诞生。简言之，"工人—师傅—老板"构成了这一区域制衣工人主要的社会路径。

我们不禁要问，这种贯通生产场所内外的社会路径是否与非正式就业的劳动控制存在关联，"老板梦"是否构成了工人"同意"恶劣而不稳定的工作的基础？如果说布洛维所分析的工人在工作场所的同意是基于垄断资本主义条件下国家对劳资关系的深度介入以及由此带来的工业公民（industrial citizens）的地位（Salzinger，2001），那么身处非正式就业的状态、未能实质获得工业公民资格的制衣工人，他们的同意何以产生呢？同时，这些分布在中大布市周围的小型制衣厂在资本规模、生产特点、技术含量、管理体制等方面都与以往农民工劳动控制研究所关注的较大规模的正式工厂存在着明显不同（任焰、潘毅，2006；张璐，2011；刘林平等，2013）。那么，这些差异如何成为在工作现场形塑劳动控制的力量？

二、文献回顾

关于劳动控制的研究最早可以追溯到马克思，他指出，资本家用金钱从市场上购买的是一种抽象的、无形的劳动力。资本家要充分发挥劳动力的潜力，就必须拥有对劳动过程的控制权，控制是劳动过程中的基本问题（马克思，1998）。控制的根本目的在于去除"劳动力的不确定性"，因为资本家购买的劳动力与劳动力的实现是有区别的，推动劳动力实现的过程充满了紧张和冲突（O’Doherty & Willmott，2009）。布雷弗曼（1978）深化了劳动控制的研究，他指出，资本家通过概念与执行的分离，剥离工人对生产规划的掌握，造成了工人的“去技术化”，从而使工人如同机器一样机械地运作着。在反思前人研究的基础上，布洛维指出，既往的劳动控制研究过多强调了资本主义生产的强制性，随着垄断资本主义的到来，资本主义企业的生存发展不再仅仅依赖强制（如市场专制），而更依赖于其诱使工人同意出卖工作劳动的能力（Burawoy，1979）。考虑到本研究具体的研究对象和问题，文献回顾主要从两个方面展开。首先，我们将回顾以家庭代工、家户工、来料加工、自我雇佣等为代表的非正式就业中的生产组织和劳动控制问题。然后，我们将重点回顾自布洛维以来各种关于生产场所内外“游戏”的讨论。

（一）非正式就业中的劳动控制

本节的回顾将主要沿着两条进路展开，一是讨论中大布匹市场制衣厂的生产组织形式与既有类似研究的异同，二是聚焦当代工人研究中关于“工人变老板”的相关论述，并试图建立其与劳动控制的关联。

历史上类似中大布匹市场周边小型制衣厂的生产方式并不鲜见。傅春晖（2014）指出，清末民初的华北地区就出现过以分散生产、口头协议、熟人担保、非正式契约、普遍性赊欠账为特点的包买制。并且，这种包买制并未因为工厂制度的扩张而消亡，反而在当代经济体系中以来料加工、家庭代工、家户工等形式广泛存在。童根兴（2005）基于河北北镇的田野研究，展现了家户工受制于雇主及其家庭成员的劳动过程。谢国雄（1992）及熊秉纯（2010）的研究则表明，20世纪八九十年代的台湾城郊乃至偏远农村也出现了家庭代工，大量作为产业后备军的已婚妇女以“补贴家用”为目的将客厅变成了工厂。

从生产场所、生产者、生产目的及技能要求来看，上述研究存在一些共性，并与本研究关注的小型制衣厂工人形成了鲜明对比。上述研究中，家庭是主要劳动场所；劳动者主要由女性构成，在谢国雄（1992）及熊秉纯（2010）的研究中是本地的已婚妇女，在童根兴（2005）的研究中是外来的未婚女性；生产的目的主要是补贴家用，工作带有兼职的性质，因此收入较低，例如，浙江来料加工从业人员的年均收入约8000元（何平等，2012）；生产的技能要求较低，例如来料加工中，家庭妇女主要负责原材料加工和其他琐碎工序，核心工序仍留在厂内（傅春晖，2014）。而在本研究中，工人主要在小型制衣厂工作，主要由外来男性工人构成，比例在60%～70%之间。他们的工作是全日制的，月收入在3000～4000元左右，按照当地最低生活成本，已经可以养活自己乃至家人。同时，他们的工作有一定的技能要求，要成为裁剪工等“大工”或“师傅”一般要经过一段时间的学习才有可能（参见表1）。

表1　中大布市制衣工人与其他非正式就业工人的比较

	家庭代工（谢国雄，1992）	来料加工（傅春晖，2014）	家户工（童根兴，2005）	中大布市制衣工人
生产场所	家庭及代工点	家庭及加工点	家庭	工厂
生产者	本地家庭妇女	以家庭妇女为主的本地农村闲散劳动力	外来未婚女性为主	外来男性工人为主
生产目的	补贴家用	补贴家用	养活自己	养活自己及家人
技能要求	较低	较低	较低	较高

在分析生产组织形式的基础上，一些研究开始关注其特定的劳动控制机制。谢国雄（1992）指出，家庭代工可以忍受工作经常变动、工作量不稳定及低单价的原因在于外包共识（subcontracting consent）的存在。童根兴（2005）则从文化和伦理的角度讨论了老板与工人“同吃同住同劳动”的劳动控制意义。他指出，老板及其家人与工人共同在场不但使得工人的行为处于老板的直接监控之下，而且使得不努力干活的工人在道义上处于不利地位。但他忽视了这种老板与工人“同吃同住同劳动”的生产组织方式可能具有示范效应，从而激起工人自己当老板的意愿。事实上，这样的

可能性是存在的。谢国雄（1989）以“黑手变头家”为隐喻，探讨了台湾小型制造业中工人阶级成为资本家的可能性和路径及其对阶级形成的影响。他认为，工人变老板有安抚工人及制造资本主义共识的效果，不利于无产阶级的形成。尽管他认为有关阶级流动和阶级形成的分析重点必须摆在产业结构、生产关系和劳动过程上，但他对“工人变老板”如何影响劳动过程及强化劳动控制的机制缺乏深入分析。例如，他指出，劳动权利和公民权利的缺乏使得工人将成为老板作为主要的适应方式，但这里何以成为“主要”恰恰是值得讨论的，事实上工人也可以变成厂外的“赶货工”（黄岩，2012）或家庭代工者（谢国雄，1992）。如果成为老板是工人认为的主要的适应方式，就需要讨论“工人当老板”具有的意识形态意义。

叶荫聪（2008）从都市文化的角度讲述了珠三角农民工经营小商户的故事。他将农民工的“小商户化”视为他们摆脱异化劳动、想象阶级流动的自主行动。他指出，工人变成小老板仍然无法摆脱资本主义的社会关系，他们不得不进行自我剥削，甚至最后要回到工厂继续劳动生涯。和叶荫聪的判断类似，万向东（2008）认为，非正式就业中的农民工做“小本生意”虽然有助于他们向上流动，但仍然处于小规模、低水平的状态，他们与普通工人的收入差别可能源于其自我剥削式的超时工作。李悦端和柯志明（1994）及熊秉纯（2010）则从性别角度分析了女性在“工人当老板”过程中遭受的压迫和剥削。他们认为，老板娘大部分是无酬的家属劳动者，和工人的妻子相比，小厂老板娘所投入的劳动力更可能得不到金钱的报偿。这些研究和谢国雄“黑手变头家”的研究一样，并未将作为现实和意识形态的“工人当老板”和劳动控制的关联作为重点，更多的是探讨工人变老板的可能性及局限性。

（二）工作场所内外的“游戏”

1. 赶工游戏。

为了将工人的主体性纳入劳动控制的分析，布洛维开创性地提出了

“赶工游戏”（the game of making out）的概念。赶工游戏意味着工人致力于在工作中寻找应对严酷工作条件的方式，在枯燥的工作中添加游戏的成分，从而使得被掏空了意义的工作被重新注入意义。赶工游戏对工人的诱惑在于，只有通过参与游戏，工人才可以获得工友的接纳和尊重。换言之，参与游戏本身成为工人的目的。另一方面，赶工游戏也转移了工人对严酷工作条件根源的关注。通过在游戏中对最直接的工作环境的掌握，胜出的工人在车间体验到了想象的自由。因此，工人的文化生产使得工人同意对自身的剥削。这种“工作的霸权组织”（hegemonic organization of work）使得垄断资本主义下的管理控制得以再生产（Burawoy，1979）。

对赶工游戏的批评主要来自两个方面。一方面，布洛维过于强调工作场所文化的“同意”层面，将管理霸权视为不可避免的、易于再生产的，忽视了反抗的重要性。事实上，工作场所的文化通常是矛盾而复杂的，既有工人同意的一面，也有工人反抗的一面。在某些条件下，工人在生产场所的位置和他们对抗管理控制的能力直接相关（Gottfried，2001；Vallas，2001）。例如，一个普通工人成长为技术工人，其工作场所地位的提升同时意味着他有更多的否定管理控制的能力，其工作自主性也随之增加。布洛维在这里留下的理论空间是，工人在工作场所地位的提升缘何未能成为反抗的力量。换言之，管理霸权要顺利实现再生产，仅仅依赖赶工游戏是不够的，还需要其他的“游戏”。另一方面，他过于强调生产场所，忽视了外部因素。布洛维认为，同意是在工作场所产生的，不能简化为简单地强制或外部意识灌输的结果。换言之，工人自愿参与了对自己的剥削，这种自愿源于工作场所（Freeland，2001）。然而，文化、种族、性别和社会制度对劳动过程中的控制和反抗都会发生影响（Sturdy，et al.，1997）。这些工作场所之外的因素不仅仅是灌输的意识，也不仅仅是修辞（Vallas，2001）。它们可以被带入劳动过程，并成为工作场所支配与抗争的资源（Lee，1995；沈原，2007）。换言之，对劳动控制的分析，不应该仅仅只关注工作场所，还需要将工作场所之外的因素（如行业市场和意识形态）

纳入，考虑它们对劳动过程的影响。

2. **性别游戏**。

基于对布洛维赶工游戏的批评，不少学者开始分析劳动控制中的“新游戏”。戈特弗里德和格雷姆（Gottfried & Graham，1993）提出了“性别游戏”（sex games）的概念。它是指塑造性别认同的意识形态和政治实践。一方面，男工通过参与性别游戏来定义男性霸权（hegemonic masculinity）。某个男工在赶工游戏中胜人一筹的意义不仅仅是产量超出，而且意味着他更有男性气概，更具有自主性和对外部环境的控制力。换言之，男性霸权的建构使得男工积极提高自身的工作负荷，以符合其男性的形象。另一方面，女工以男工的男性气质为参照，在性别游戏中学习如何管理和定义女性特征，强化男性主导和自身的服从地位。同时，性别游戏还通过工作岗位的性别分工深化了劳动的性别分工，男性可以公开地将女性排斥出相同的工作岗位。简言之，工人进入工作场所时带入的性别认同和规范在工作场所得以重建，管理者通过工作场所性别亚文化的再造来强化管理控制。戈特弗里德和格雷姆的研究提醒我们，劳动控制的研究必须考虑工作场所外带入的性别认同和规范对工作场所内管理控制体系的影响。可以说，工人围绕产量和岗位的竞争同时也是围绕谁更符合工作场所主流性别意识形态的竞争。

3. **透明游戏**。

如果说从赶工游戏到性别游戏，戈特弗里德和格雷姆在关注工作场所外因素的方向上推进了一步，那么迪朗和斯图尔特（Durand & Stewart，1998）提出的“透明游戏”（transparency game）则更多揭示了工人的主体性如何被管理者整合的问题。透明游戏要求工人和管理者在团队情境中就工作场所的绩效达成一致。透明意味着工作任务、改进方式、个人责任和绩效、团队绩效在团队中公开展示。这种管理者主导的透明意在提高工人的士气和竞争力，并赢得工人认可。工人参与透明游戏的主要方式包括参与生产线改善计划，提高产品质量等。透明游戏的反面是不透明，这意味着工人可以向管理者保守自己工作的秘密。例如，工人可以向管理者隐藏自己的技术能力，从而避免团队成员之间的激烈竞争。如果说赶工游戏中工人竞争的是产量，那么在透明游戏中，工人竞争的就是在团队中获得管理者的认可，比如某种改进生产、提高产量的方法。从赶工游戏到透明游戏，工人的主体性被进一步整合进资本主义生产过程。在赶工游戏中，工人关注的只是产量，而在透明游戏中，工人已经开始关注生产流程的改进了，工人开始更多地站在管理层乃至资方的角度思考问题。

4. 抢椅游戏。

延续整合“工人—管理者”的思路，塔克曼和惠特尔（Tuckman & Whittall, 2002）提出的“抢椅游戏”（game of musical chairs）探讨了资本全球流动背景下被操控的工人主体性。抢椅游戏原是一种儿童游戏，其基本规则是，将椅子围成圈，儿童围绕椅子走动，当音乐停止时，儿童必须找到椅子坐下，每轮减少一把椅子，直到最后的胜出者。此处，抢椅游戏被用作跨国公司结构调整和产业转移的隐喻。管理者和工人共同参与游戏，游戏的目的是在跨国公司的全球生产体系中赢得持续投资的地位，避免工厂关闭或被强制迁往他处，从而维持管理者和工人在本地的工作岗位。工人和管理者不但要在生产中展示其效果和效率，而且还要表达他们对公司价值的认同。如同成人可以控制音乐来操纵儿童比赛的结果一样，跨国公司的高层管理者在远离生产现场的总部做出的战略决策将影响众多工人和管理者的命运。总部的管理者通过监管体系来获知各生产厂家的生产状况，本地的工人和管理者为了获得生存机会不断地提高生产绩效，改进生产流程。在游戏中，本地工人和管理者完全失去了与跨国公司总部协商的空间，只能对他们提出的任何要求表达同意，游戏更多变成了“确认的仪式”（rituals of affirmation）。从透明游戏到抢椅游戏，工人与管理者之间的利益整合更加强化了。如果说在透明游戏中这种整合还局限于单一的基层工作团队，那么在抢椅游戏中，工人已经开始从高层管理者的角度来思考问题了。

（三）小结：工人当老板的劳动控制意涵

在既有关于非正式就业劳动控制的研究中，我们可以发现较为普遍的工人与老板之间界限的模糊（例如老板与工人“同吃同住同劳动”）及工人成为老板的故事。在既有关于生产场所“游戏”的研究中，我们也观察到了各种游戏所呈现出的工人与老板和管理者界限的逐渐模糊。受到两个方面既有研究的启发，本研究试图将非正式就业的制衣工人在不受保护的劳动状态中仍然努力工作的原因归结为“老板游戏”的存在。它具体表现为两个层面：一是“人人当老板”。由于“工人—师傅—老板”的社会路径的存在和广为人知，制衣工人从进入生产场所开始就给自己枯燥艰苦的劳动赋予了新的意义。它不仅仅是赚取工资的手段，更重要的是为将来的“老板梦”奠定基础。和布洛维一样，此处“人人当老板”是作为隐喻来使用的。这种隐喻可以给工人的加班赶工、学习技术、积累开厂资金等信念和行动赋予意义。作为一种意识形态控制机制，“人人当老板”将生产场所之外的价值观念带入生产场所，使得工人即使面对赶工的辛劳、恶劣的工作条件乃至师傅和老板的呵斥仍然能够乐观积极地面对。这意味着“劳动力的不确定性”不仅可以通过外部的管理控制去除，也可以靠工人内化的信念来去掉。换言之，“工人变老板”不仅是一种现实存在的社会路径，也是一种具有劳动控制意义的意识形态。二是“个个来管理”。工人要实现成为师傅并最终成为老板的梦想，就必须熟悉生产流程、市场行情、招工渠道、厂房租金等事宜。非正式制衣厂中的“个个来管理”恰好满足了这种需要。同时，“个个来管理”还有助于模糊乃至消解工人与管理者和老板的界限，降低工人的反抗。更重要的还在于，工人在参与管理的过程中学习了劳动控制的策略，可以在成为师傅和老板后加以运用。

三、案例介绍与资料来源

中大布匹市场起源于20世纪80年代末。经过20多年的发展，在市、区两级政府的培育和商家的逐步开发下，该市场现已成为华南地区最大的布匹及辅料专业批发市场之一。中大布匹市场的发展带动了周边相关产业的发展，其中最为典型的是小型制衣厂的发展。保守估计，这些制衣厂总数可能达到2万家左右。它们当中大多是未经工商注册的小制衣厂，主要采用“来样来料加工”方式进行生产经营。工人一般在技术成熟和积累小规模资金后另辟新厂，从而导致小厂不断复制，最终形成中大布市周围的小型制衣厂集群。每家厂的用人规模大约10—30人，整个制衣厂区大约聚集了20多万非正式就业的农民工（联合课题组，2011）。

本研究的资料主要源自两个方面：一是对小型制衣厂的工人、师傅和老板及社区本地居民和管理者的访谈，力图比较全面地反映小型制衣厂的劳动过程。二是在“中大布市工人服务项目”中对作为服务对象的制衣工人、老板及政府管理者的参与观察。

四、人人当老板：从赶工开始

（一）作为现实存在的“人人当老板”

在中大布匹市场，大部分小型制衣厂的老板都是由制衣工人成长起来的。根据长期在街道办事处从事劳动监察及工会工作的官员估计，“这些制衣厂的老板基本上90%以前都是工人，因为这行的特点是要有资历积累，没有做过这一行的，基本不敢做”（访谈记录C2）。我们对老板的访谈也发现了这一点，多数老板都经历了“制衣厂打工——学习技术、积累资金——自己开小厂”的工作生涯。例如，老板B3和B4是两兄弟，他们在开制衣厂之前均在小型制衣厂打过工，基本上所有岗位都做过，对制衣程序比较熟悉。他们表示，“没做过的话，开厂的话开不起来”（访谈记录B3、B4）。老板B1情况类似，他20世纪90年代末来到中大布匹市场打工，熟悉行情后自己开厂，目前他的制衣厂有20个工人（访谈记录B1）。

值得注意的是，老板 B1 以前曾在别处打工，1993 年他的工资只有 300 块，但当时他并没有当老板的想法，他说，“当时没想过要跳槽，只要老板给我钱，对我好，我就愿意一辈子为他干，别人给再多的钱，我也不会走”（访谈记录 B1）。换言之，中大布匹市场是 B1“老板梦”的起源地。

不难发现，老板 B1 及 B3 和 B4 的经历和官员 C1 的观察都揭示了工人“入行”与成为制衣厂老板之间的关联。首先，“入行”使得工人逐步了解到老板与工人之间明显的利益分化，从而激发自己当老板的意愿。仍以 B1 的工厂为例，他支付给工人的月工资约为 4 千元，折合每人每年不到 5 万元，而算上他和妻子一起劳动，开厂的年收入为 20 万 ~ 30 万元。换言之，老板收入是普通工人的 4 ~ 6 倍。即使是掌握技能的“师傅”，年收入也只有老板的一半，一般在 10 万元左右（访谈记录 C2）。其次，中大布匹市场制衣业的特性为工人跨越与老板的收入差距提供了可能。换言之，老板与工人之间的利益分化不仅是可见的，而且是凭借工人自身努力可超越的。从“游戏”的角度来看，对工人而言，这是一种靠自己努力就可能赢的“游戏”。

按照一般的市场规律，企业规模太小是低效率且不经济的，市场调节会淘汰一批企业，最终形成若干大规模企业。然而，由于服装市场的运营特征是新样式要迅速上市，服装公司或销售商、布匹批发商和制衣厂三方之间逐步形成了“今天下单，晚上赶货，明天上市”的方便而快捷的“市场紧密联动”机制（联合课题组，2011）。这种高度变动的小批量多款式的服装订单并不适合大企业生产，相反却构成了小型制衣厂生存和聚集的市场条件。

访谈中，多位老板表示，在中大布匹市场，大规模的正规制衣厂是很难生存的。其主要原因在于大工厂需要雇用大量工人、租赁大面积的厂房等。在行业旺季还能较好运营，一到淡季，工厂营业额持续下降，而工人的工资、社会保险等需要继续支付，再加上高额的房租、水电等，制衣厂利润出现负增长，最终只好关门大吉。而小型制衣厂以其非正式的就业形式（规模小、无劳动合同、计件工资）和弹性的工作时间（旺季赶工、淡季休息）较好地适应了市场需求，在激烈的市场竞争中获得自己的一席之地（访谈记录B1、B2）。

尽管大企业难以生存，但为了分散和回避市场风险，合伙办企业一般被认为是较理性的选择。在谢国雄（1989）关于“黑手变头家”的讨论中，合伙是最常见的资金来源形式。但在中大布匹市场，我们看到的是另一番“单干”的景象。由于市场的高度变动，合伙无法解决信息不对称和信任的问题。工人表示，服装生意很难合伙，合伙者必须关系很好且都不计较才行，否则很快会因为信任问题而分道扬镳（访谈记录A1）。我们的访谈对象中就有一个因信任问题而与合伙者分家的案例。A3是一个25岁的年轻小伙，之前与岳父岳母合伙开了一家制衣厂，后来由于岳母怀疑其赚了中间差价，他与岳父岳母产生矛盾后重返制衣工人行列。A3最终决定不与人合伙，他说，“打算一个人做，做不好就重新打工，就算亏了也亏得不多。因为成本较低，一万左右就能开个小厂了”（访谈记录A3）。透过工人A1和A3对开厂的描述，我们可以看到，即使存在姻亲等亲属关系，信任还是难以产生，更不用说老乡等地缘关系了。于是，人人都希望“单干”当老板的现象应运而生。

值得注意的是，上述A3的话中提到了“工人—老板”路径的可逆性。这种可逆性的存在模糊了“工人—老板”之间的阶级差异。在这些制衣工人看来，“工人—老板”不是难以跨越的阶级身份，而是完全可以相互转化的可以自主选择的工作和生活状态。诚如A3所言，“打工的话每个月老板补贴生活费，房租不用出。自己干就是要出房租和生活费”（访谈记录A3）。在这里，所谓工人和老板的差别被简化为房租和生活费谁出的问题。

除了门槛低和合伙困难以外，“人人当老板”得以实现还在于小型制衣厂的非正式存在。访谈资料显示，目前城中村的小规模个体私营经济并未真正纳入政府的管理体系之内，多年来政府对城中村的市场监管基本上处于“缺位”或者“忽略”状态，要么按照正规部门的“门槛”标准采取简单的打压、取缔和高收费策略，要么出于节约行政成本的考虑对其放任自流。此外，在城市扩张过程中，“村改居”只是在形式上实现了户口的转变，实际上并没有改变村民的身份。在大多数情况下，城中村的大部分地区交给经济社和经济联社管理。这些经济社或经济联社与非正规经济之间存在着利益共生性。非正式经济的进入需要得到经济社的认可和支持，比如厂房、宿舍的出租。老板A2告诉我们，开厂不用考虑注册问题，“买点旧设备，租一个房子，找到单就可以搞了”（访谈记录A2）。而经济联社则需要依靠非正式经济获得收入来源，比如租金、管理费等。社区管理者C1指出，经济联社自己经营物业，主要是承包给外地人做制衣厂。除了物业，联社基本没有其他的收入来源（访谈记录C1）。可以说，村社经济体以及城中村原有居民与非正式经济之间存在的利益依赖，使得他们对非正式制衣厂采取支持乃至庇护的态度。简言之，政府管理缺位加上村社经济体的庇护为“人人当老板”提供了非正式的制度空间。

（二）作为意识形态的“人人当老板”

如前所述，中大布匹市场的小型制衣中存在着“工人—师傅—老板”的现实社会路径。这种路径与正式就业中工人与管理者和老板难以跨越的阶级分野形成了鲜明对比。例如，在汽车、机床等现代制造业中，由于行业的技术密集和资金密集，工人很难成为高级管理者，更不用说成为老板。正是在这个意义上，布洛维才指出，赶工游戏通过工人之间的你追我赶掩饰了他们共同的阶级属性及其与资本家的阶级差异（Burawoy，1979：82）。换言之，赶工游戏有其意识形态的作用。延续这一思路，我们发现，在小型制衣厂的工人中，“人人当老板”不仅是一种现实存在，而且也是一种逐步内化的意识形态。在工人看来，“当老板”是打工一段时间后的自然发展，完全具备可行性，很多工人都表示，只要有一定的资金积累就可以考虑自己“出来做老板”。

例如，工人A1和妻子在接受我们访谈时刚来中大布匹市场打工，一个月除了开支可以存0.6万元，他们计划先积累几年后自己开厂。A1还告诉我们，有开厂想法的工人很多。他说，“我想了一下，我大不了自己做厂，失败了打工，打工了再做。失败了也丢不了多少钱”（访谈记录A1）。从A1的表述和行动计划中，我们不难看出，制衣工人自进入工厂开始，就自我锁定了“工人—老板”的发展路径。根据A1的工资积累，估计两年内他就可以获得开厂所需的资金。因为，一般而言，投入10多万元的资金，购买十几台裁剪、缝纫设备，雇用十多名员工，租用一间厂房，就可以接单开工。如果购买二手设备或直接盘下前老板的厂子则更为省钱（联合课题组，2011）。

要成功转型为老板，除了积累资金，还要跨越“师傅”这个阶段。因此，在工人对于未来的预想中，如果当上师傅并懂得市场行情，自己开厂当老板就指日可待。在访谈中，A2表示很多师傅做几年之后都会选择自己单干，这是因为经过几年的积累，他们不仅获得了必要的资金积累和制衣技术，而且也掌握了一定的销售经验，具备了独立开厂的人力、物力和财力。我们还发现，工人当老板的想法不局限于本地，他们有的也计划回家乡创业。工人A4告诉我们，他想“在家里开一个制衣厂，在广州附近把货发到家里去做”（访谈记录A4），并开始了和其他工人类似的资金积累计划。

不难发现，“人人当老板”观念的流行导致了工人的资金积累行动，并进一步导致了工人在劳动过程中的顺从。为了尽快赚足自己开厂的钱，工人可以自愿超时加班，“赶工”成了制衣工人的常态。不少工人表示，只要可以赚钱，根本不觉得累。旺季赶货的时候，他们基本上都是吃完饭就马上开始做，有时甚至连饭都可以不吃，也从不睡午觉，更没有站起来活动的意识，唯一的意识只是拼命做衣服，因为“你不拼命做就搞不到钱啊”（访谈记录A3、A4）。

需要指出的是，尽管“赶工”是制衣厂工人的常态，但这种赶工与布洛维笔下工人的赶工是不同的。在布洛维那里，工人之所以主动参与到赶工游戏中，一方面是为了获得较高工资，另一方面是为了驱除工作中的乏味以及向别人显示自己的能力。在赶工竞赛中，工人把各种压迫性的生产体制当作游戏规则接受下来，这不仅为工作现场提供了秩序，也把工人变成了积极主动地剥削自己的帮凶。而制衣厂工人的赶工则更多是为了积累当老板的“第一桶金”。可以说，工人从赶工开始就为当老板做准备了。“赶工”构成了“人人当老板”的基础。不仅如此，由于“工人—师傅”的路径存在，即使工人面临师傅的呵斥或压迫，他采取的方式不是反抗，而是努力成为师傅。工人 A7 的经历就很好地说明了这一点。

A7 来自江西赣州，2009 年经其父介绍进入制衣厂工作。父亲是另一家制衣厂里面的师傅。父亲介绍他做冚车，月工资五六千块钱，他当时觉得还不错。后来发现师傅脾气很坏，无法学到技能，只是让他拼命以更快的节奏工作。尽管他感到害怕，但他并未反抗，而是选择离开，到其他厂跟别的师傅学习。大概一年以后，A7 已经成为熟练的指导工，带着一两个徒弟，主要负责教他们一些基本的制衣技术（根据访谈记录 A7 整理）。

整合“人人当老板”的现实路径和意识形态意义，我们发现，随着非正式打工生涯的逐步展开，制衣工人对艰苦工作的“同意”也逐步深入。他们的同意是在持续的打工生涯中逐步建立的。这不是某种特定的工作场所的结果，而是建立在他们对整个行业和地域的深刻体认之上。布洛维（Burawoy，1979）指出，游戏对玩家的吸引力取决于游戏结果的不确定性与玩家控制的关系，游戏过难和过易都会使玩家失去兴趣。对中大布市的制衣工人而言，他们之所以不断赶工，既源于其眼前利益，也在于他们相信人人成为老板不是天方夜谭，而是可实现的梦想。试想，如果他们在技术和资金密集的大企业中正式就业，无疑会失去对老板游戏的兴趣。

五、个个来管理：工人、师傅和老板的全员参与

如果说“人人当老板”将可以实现的“老板梦”呈现在工人面前，那么“个个来管理”则为“老板梦”的实现提供了具体通道。通过“个个来管理”，工人既学习了管理方式，也得以了解市场行情，从而为跃升

为师傅和老板奠定基础。

（一）自我管理：学习管理的起点

在正规的大中型企业中，一般实行制度化的管理体制，工人在车间的活动处于管理者的严密监控之下，工人缺乏工作自主性。在小型制衣厂中，我们发现了一种完全相反的管理方式——自我管理。这表现在工作时间的安排、车间行为的掌握及团队合作三个方面。

第一，工人可以自主安排工作时间。他们有决定自己劳动时间的自由。小型制衣厂中实行计件制，老板并没有规定特定时间内具体的工作量，工人可以自主地、灵活地安排自己的劳动时间，在感觉到累的时候可以自己给自己放假。工人 A2 告诉我们，小型制衣厂的吸引力之一就是工作时间自由，“明天我不想做就不做了。这个班我做到一半，想下去玩一下就下去玩一下”（访谈记录 A2）。但是，在多劳多得的刺激下，工人为了早点休息或多干活往往会自己提高积极性，拼命地参与到生产中。一般情况下，老板或师傅只要把任务分下去即可，工人自主加班，因为“想赚钱就多努点力，多加一下班。没有谁想少做的”（访谈记录 A4）。由此可见，即使是自我管理工作时间，它仍然具有劳动控制的意义。换言之，老板通过让工人自主安排劳动时间起到了调动工人积极性的效果。

第二，工人可以自主掌握车间行为。正式工厂中，管理制度对工人在车间的行为存在诸多严格限制和审批程序，如上厕所的次数、吃饭的时间、听音乐、玩手机、离岗、请假等（Chan & Zhu，2003）。在小型制衣厂中，工作氛围则相对轻松，大家可以有说有笑，还可以放音乐，请假也很方便，只需要打下招呼。在访谈中，工人和老板分别向我们阐述了他们对小厂和大厂管理制度的评价。在工人看来，在小型制衣厂工作可以随时进出，亲戚朋友来访也可以自由接见；而大厂里制度比较严格，上班时间一般不可以出去，外出的话则需要主管批准（访谈记录 A6）。老板则觉得，让工人自主掌握车间行为恰是小厂相对于大厂的优势。大工厂管理严格，工人未必愿意去。小厂不但工人请假很容易，而且没有严格的监管。同时，工人和老板在一起，会让工人感觉到自己被关心，觉得小厂有人情味，从而愿意留在小厂（访谈记录 B1）。

第三，工人可以自主进行团队合作。在正规工厂中，一般采取流水线作业，每个人独立地、机械地、重复地完成自己的工作。即使是团队合作，也主要由管理者来主导。在小型制衣厂中，我们发现了作为自主工作团队的“夫妻工”，他们共用一个工号，合作完成整件衣服的制作。夫妻工在小型制衣厂中所占比例超过一半，有的工作岗位中甚至占了绝大多数。例如，在工人 A5 的工厂有 50 多人，夫妻工占了一半。而工人 A7 所在的车位总共 19 人，夫妻工有七八对。

作为一种自主管理方式，夫妻工深受制衣厂老板和工人的欢迎。在中大布匹市场的招工广告中，我们经常观察到“夫妻工优先”的字样，而工人也愿意以夫妻合作的方式进厂工作。夫妻工具有的劳动控制意义可以从如下几个方面考察。

首先，它可以提高劳动效率。不同于大型制造业的流水生产线，小型制衣厂依赖夫妻合作完成衣服的制造。例如，工人 A2 告诉我们，夫妻分开做比一起做慢，“原来可能是一人一百元，合在一起差不多可以做两百五十元”（访谈记录 A2）。从收入来看，夫妻合作的收入也比单干高，如前所述，制衣工人月薪在 4 千元左右，但夫妻工“一个工号一万元多元，……一个人可以赚五六千元了一个月”（访谈记录 A6）。

其次，夫妻工可以提供情感支持。当他们感觉疲劳或者对老板和师傅不满时可以相互倾诉，彼此支持。正如工人 A7 告诉我们的，“两个人肯定感觉好些，干活也比较踏实，不那么想家，还可以相互照应”。为了强化夫妻工的相互支持，老板还提供夫妻房。以前，“混住很普遍，……床帘拉得很死。有时候一对夫妻睡这里，光棍睡对面”（访谈记录 A6）。现在，“一个大套房隔出来一个个小房间，六七平方米大，里面一张床一张桌子”（访谈记录 A7）。

最后，它可以降低工人流失，夫妻工大多比较稳定，他们承担着更多的家庭责任，不会随便辞职不干。诚如工人A2所言，“夫妻工一招就是两个人，而且夫妻做是比较稳定的，配合起来有默契”（访谈记录A2）。

（二）师傅管理：师徒关系模糊“管理者—工人”的界限

在生产现场，劳动控制的一个突出表现是管理者对工人的直接控制，比如监督工人不得旷工、偷懒，督促工人提升劳动效率等。我们发现，在小型制衣厂的生产现场中，管理者与工人关系被转变为师徒关系，工人与管理者的界限不再泾渭分明。师傅的来源有两种：在规模较小（20人以下）的制衣厂中，老板通常亲自担任师傅，具体承担管理职能，有些还与工人一起劳动；在规模较大的制衣厂中，老板会从资历较老的熟练工人或者自己的亲戚朋友中挑选师傅进行工厂的日常管理，自己并不参与具体的生产管理和劳动。在这些工厂中，“老板从来……不自己动手，每天来就是坐在办公室里面抽烟喝茶，然后和客户谈点生意。从来不干什么事，就是自己搞一些布啊”（访谈记录A7）。

师傅的主要工作是分配工作任务、技术指导以及监督检查工人的工作质量。这建立在师傅清楚了解全部生产技术和工序的基础上。唯其如此，他们才可以指出工人在生产中的错误，如浪费材料、偷懒等。师傅对于按件计酬的工人来说至关重要。如果能被师傅分配单价较高的任务或者较易完成的任务，工人的工作量和收入就会显著增加，从而尽快为“老板梦”的实现奠定资金基础。

同时，师傅作为熟练工人了解产品完成质量的好坏，他们有权要求工人对质量不合格的产品返工或者扣钱以示惩罚。当然，质量好坏的标准是由师傅掌握的。这样，工人为了获得较高报酬和降低不合格产品的比例，都尽量搞好与师傅的关系，希望师傅可以照顾自己，师傅也正是利用这些权力对工人进行控制。

此外，作为徒弟的工人之所以会主动迎合师傅的意愿与需要，还在于他们有学习技术的预期。服从并迎合师傅可能是他们学习技术、了解行情的唯一途径。原因在于，小型制衣厂中没有专门的技术培训。一方面，老板认为制衣技术相对比较简单，有师傅进行指导就可以，不需要专门的培训；另一方面，老板担心工人学会后跳槽，自己得不偿失（访谈记录B5）。因此，老板通常不愿意花钱给工人培训。

在没有培训的条件下，一般都是师傅（或身兼师傅的老板）负责对工人进行技术指导。工人为了尽快获得日后自己当师傅或老板所需要的技术，不得不主动与老板或者师傅搞好关系，主动服从他们的控制（参见上一节A7向师傅学习的故事）。简言之，在小型制衣厂中，“人人当老板”的愿景激发了工人急于学习技术的心态，生产过程中的“管理者—工人”关系被替换为师徒关系，增强了对工人的控制，消解了工人的抵抗。

需要指出的是，小型制衣厂中的师徒关系和国有企业的师徒制存在明显不同，作为一种非市场性的关系结构，师徒制成为计划经济时代国有企业主要的技能形成手段（王星，2009）。中大布匹市场的师徒关系是以社会性的关系来修饰市场性的关系，它是以师徒关系来掩盖管理者与工人的关系。工人向师傅学习的内容也不局限于技能，他们通过亲身观察，还可以获得对制衣行业的了解，比如市场行情、客户资源等。

（三）老板管理：双重身份模糊“老板—工人”的界限

如前所述，小型制衣厂中的老板大多是工人转变而来的，并且很多人在成为老板之后依然参与现场的生产劳动，担任重要的、关键的、艰苦的岗位，扮演一种“老板兼工人”的双重角色，他们与工人之间的关系既有老板与员工的特点，又有工头与工仔的特点。在我们的访谈对象中，许多老板都兼任多份工作。比如老板B1既是车工，又是裁工，还是指导工、收发员、尾部管理等，一个人兼任了六七个工种，他相当于同时打多份工。他妻子既是技术工，也是会计。他说他所赚的钱都是自己的辛苦钱，利润很低（访谈记录B1）。这实际上降低了工人与老板之间的身份差异，可能导致工人在认同上将老板看作是一致非对立的利益群体。

在我们的访谈中，许多老板都表示并未将自己看作老板，与工人之间更多的是一种朋友的关系。他们与工人同吃同住，一起进行工作娱乐，一起讨论问题。他们有时候把自己比作以前农村的生产队队长，认为自己发挥着带领工人干活的作用。老板 B4 说，“我们根本算不上老板，我们从不说自己是老板，工人也不会叫我们老板，像朋友一样，有时还一起 K 歌”（访谈记录 B4）。

老板与工人之间身份差异的模糊及老板与工人之间的亲密友谊，使得工人在老板遇到困难时愿意与之共渡难关，并能够站在老板的角度思考及解决问题。例如，旺季比较忙、催货比较急的时候，工人们会比较体谅老板，与老板一起加班加点完成任务；淡季时，工人们也会理解老板，不会因为赚钱比较少就辞职不干，他们往往选择先回家或者把小孩接到身边，在周边找一些零散工作，等老板生意好转时再回来继续为之工作。当然，这里不排除工人的行为是一种基于自己利益的理性选择，但是老板所具有的双重身份确实起到了塑造共同利益的作用。

同时，老板与工人共同劳动的现场生产方式不同于正式工厂的科层制管理，这种老板现场直接管理的方式建立在面对面交流的基础上。它的沟通渠道直接而有效，工人有事可直接找老板，对于工人的工作状况，老板可以进行直接、及时的反馈和管理，易于及时处理冲突，将矛盾扼杀在萌芽状态。换言之，老板对劳动现场的直接监管导致了信息的即时化和透明化，工人的意见表达是直接面向老板的，并且老板可以随时了解工人在工作中遇到的困难。在工人抱怨之前，老板就会根据实际情况灵活转变应对策略，从而更具针对性和预防性。

此外，现场直接管理还会让工人参与决策，与老板一起协商，形成一种类似于家庭决策中大家“商量着办”的感觉。在小型制衣厂中，这种管理方式软化了工人的“打工”意识，他们在某种程度上将自己与老板归入一个利益共同体，大家相互关心，一起面对困难、解决问题，从而掩盖了实质上的剥削。然而事实上，在最后的决策上老板依然有着不可侵犯、不可抗拒的权威。换言之，工人的决策参与是有限的，不可逾越老板设定的底线。当工人跨越这个底线，威胁到老板的利益和权威时，将面临“走人”的危险。当我们问到“在管理中如何处理工人的意见表达时”，老板B3说，“合理的就听我的，不合理的当然就不听我的。因为都是老工，都互相了解，不合理的我也不会说……至于提薪的要求，双方都清楚，我一般能加的话，不会等他们提出来，如果达不成一致，他受不了就只能换别的地方了”（访谈记录B3）。

由此可见，老板兼工人的双重角色在生产条件、劳动强度、管理决策等方面产生了“均等效应”，即“老板”与“我”并无区别，这有助于降低工人被剥削的主观感觉，从而奠定工人同意的基础。

（四）“人人来管理”与老乡关系

小型制衣厂中的全员参与管理建立在老板与工人老乡关系的基础上。老板在招聘工人时，一般都是招聘老乡或者依靠老员工介绍，这些老员工介绍的工人也大部分都是自己的老乡或者亲戚朋友。最终造成的结果是，一个工厂中的工人大部分都是老乡、亲戚关系。广泛存在的老乡关系有助于老板为工人营造一种类似于农村共同体中的劳动环境，实际上也就是把农民工在农村的社会网络关系直接转移到了生产现场。在这个环境中，工人会产生一种类似于在家乡的感觉，产生一种舒适感，降低他们对周边环境的排斥感，从而进行自我管理，并主动接受师傅和老板的管理。访谈中，许多老板表示，他们会倾向于招聘老乡。一方面，“老乡在一起，会有一个家乡的感觉，让工人感到舒服，没有排斥感”（访谈记录B3）；另一方面，如果招用非老乡的“外地人”，不仅难以融入原有的老乡关系，而且“有结成帮派的风险，不利于管理”（访谈记录B5）。

六、讨论和总结

在布洛维“制造同意”的论题中，赶工游戏居于关键位置。因为，正是赶工游戏在生产场所产生出工人对资本主义生产关系的同意，从而瓦解了工人团结和阶级反抗的基础（参见 Leidner，2001）。但问题是，在某些工作场所中，工人和管理者的利益是明显分化的。布洛维留下的讨论空间是，为什么这些明显分化的利益未能产生工作场所冲突，反而产生了同意。对中大布市的非正式的制衣工人而言，工人与师傅、老板的利益分化是明显的，但为何并没有激起工作场所的冲突呢？实际上，利益的分化反而坚定了工人要当师傅、当老板的信念和行动。我们认为，其原因在于“老板游戏”的存在。具体而言，老板游戏发挥的制造同意的作用可以从如下三个层面来探讨。

就工作场所的游戏本身而言，尽管布洛维笔下的赶工游戏可能仍然存在，但非正式小型制衣业中占主导地位的更多是“老板游戏”。参与游戏的目的主要不在于驱除工作中的乏味以及向别人显示自己的劳动能力，而在于在行业中通过竞争取得更好的位置（如师傅或老板）。工人参与老板游戏的目的在于抢占有利的市场位置并淘汰竞争者。尽管老板游戏存在可逆性（从老板重新“跌”回工人），但由于行业的低门槛，游戏的失败者在短时间仍可东山再起。当然，此处的老板游戏是和赶工联系在一起的，为老板生产得越多越快，工人就越有可能在短时间内积累开厂的资金和技术。就此而言，老板游戏成功地将工人和老板的利益联结在一起。

就内部劳动力市场而言，尽管小型制衣厂内部几乎没有晋升空间，但是工人都希望在学会技术之后成为师傅，并最终自己开厂当老板。工人不断成长为师傅和老板的故事发挥着意识形态的作用，给工人提供了向上流动的希望。行业的低资金低技术门槛造成了工人成为老板的现实可能性。当然，这种流动并非发生在小厂内部，而是在行业内部。奥尔豪塞（Althauser，1989）指出，内部劳动力市场包括工厂之间的行业劳动力市场（occupational labor markets）。因此，虽然小型制衣厂内不存在内部劳动力市场，但是存在一个范围更广、空间更大的行业内部劳动力市场，塑造了工人的“师傅梦”和“老板梦”。换言之，“工人—师傅—老板”的行业流动路径不是发生在单一工厂内部，而是发生在行业（industry）乃至部门（sector）等更大的空间范围中。在此意义上，我们可能需要超越工厂体制（factory regime），构建行业体制或部门体制等概念。此处的行业体制或部门体制与工厂体制在三个方面存在差异。其一，工厂体制的聚焦点是工作场所，而行业体制聚焦于工作场所和市场（包括劳动力市场），尤其是从工作场所到市场之间的社会路径。其二，工厂体制聚焦于工人的同意和反抗，而行业体制关注工人、管理者和老板的“共谋”及相互的身份转化。其三，工厂体制脱胎于垄断资本主义以及相对完善的劳动立法和执法，而行业体制源自资本主义的全球化、弹性生产及劳动保护的缺失。

就内部国家而言，尽管小型制衣厂内不存在布洛维提到的投诉机制、集体合同和工会等，但自我管理、师傅管理和老板管理构成的“个个来管理”的非正式管理体系发挥着类似作用。小型制衣厂的工人往往是通过老乡关系或者亲友介绍招募的，许多工人都与老板是老乡关系或者亲戚关系。社会关系网络具有的情感性和工具性等功能，在内部国家缺失的条件下，可以提高工作现场的沟通效率、化解劳资矛盾、协商工作待遇，部分代替内部国家的作用。既有研究亦表明，小企业基于“乡亲、姻亲”等形成的家长制，反而提供了工人更多的谈判空间（李敏等，2012）。此外，老板直接在工作现场，可以直接体验工作环境和工作气氛，也可以及时、准确察觉到工人的不满，工人还可以直接向老板表达意见，其效率高于内部国家的反应速度。在实行科层制管理的现代企业，工人很难直接见到老板，虽然建立了投诉机制，但工人意见的反映和问题解决都需要“走程序”，耗时较长且信息传递不完全。

综上所述，本研究认为，老板游戏是非正式就业中的劳动控制机制。一方面，“人人当老板”的观念和实践模糊了工人与老板的界限，使得即使再苦再累的工作也可视为成为老板必要的“原始积累”；另一方面，“个个来管理”模糊了工人和管理者的界限，有助于工人了解市场行情和行业规则，实现从工人到师傅再到老板的跃升。两者配合起来，它们在一定程度上起到了类似内部国家和内部劳动力市场的作用（参见图1）。

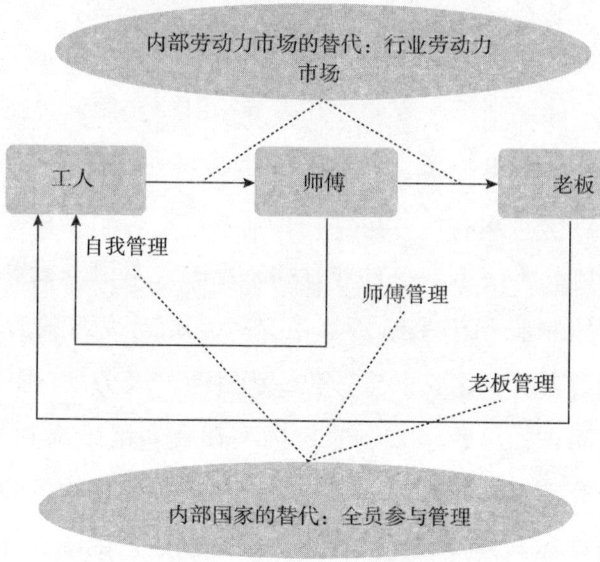

图1　老板游戏示意

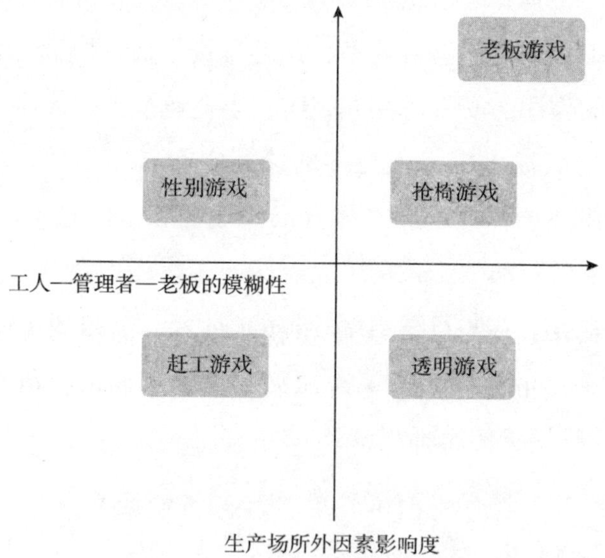

图2　老板游戏与其他游戏的比较

同时，老板游戏的提出在两个维度上拓展了既往关于工作场所游戏的研究。在赶工游戏中，同意主要基于工作场所内的因素产生，且工人与管理者和老板存在明显的利益分化和身份对立。如前所述，赶工游戏主要是通过工人之间围绕产量的相互竞争来进行劳动控制，而非通过工人与管理者身份的模糊。和赶工游戏一样，性别游戏仍然未能模糊工人与管理者的差异，但它将先天的性别因素带入了工作场所。透明游戏着眼于工作场所内的团队合作，它诱使工人从管理者的角度来思考和改善生产流程，工人与管理者的身份开始趋于模糊。抢椅游戏则不仅带入了全球资本的流动和跨国公司的决策，而且引导工人与企业的管理者共谋以回避撤资或迁厂的风险。赶工游戏则试图更进一步。“人人当老板”将生产场所之外的价值观念带入生产场所，使得艰辛的赶工与美好的老板梦联系在一起。“个个来管理”则模糊乃至消解工人与管理者和老板的界限，造成工人对自身社会地位的误识。

此外，老板游戏的提出还有助于我们反思布洛维提出的制造同意及赶工游戏论题的边界。如前所述，现有关于劳动体制研究普遍被置于正式工厂体制的预设之下，相对忽视了非正式的城中村小作坊中的劳动控制问题。如果说赶工游戏及由此引申出的诸种劳动控制机制是针对正式的工厂体制而言，那么老板游戏则适用于低门槛的非正式就业，适用于城中村的外来低技能劳工。他们处于作坊式工作与改变现状之间的两难。一方面，要在城中村的作坊中工作，就很难改变现状，只能接受缺乏劳动保护和高风险及不稳定的工作与生活。另一方面，要改变现状，就意味着要在城中村之外去寻求正式就业机会，而很多人既不具备高竞争力的人力资本，也不习惯正式就业的各种规章制度。但是，老板游戏的存在却为调和这种“两难”提供了可能。因为，通过“人人当老板、个个来管理”，工人既有了改善工作和生活条件的机会，也维持了城中村作坊式工厂的生存。

最后需要指出的是，尽管本文认为老板游戏模糊了劳资界限，具有消解工人抗争的作用，但并非刻意强调其消极意义。首先，诚如布洛维（Burawoy，1979：91－93）所言，游戏不仅是解释工具，更是批判工具。

作为批判工具存在的“老板游戏”必然要讨论其对工人同意或反抗的意义。其次，关于同乡关系、师徒关系及夫妻工等社会纽带在生产中发挥的正面作用，既有研究已经有比较深入的讨论（谢国雄，1992；童根兴，2005；傅春晖，2008）。傅春晖指出，作为社会化的生产组织形式，来料加工的生产组织范围已经超越了简单的熟人社会，并且能够沿着既有的社会关系网络不断延伸。最后，即使从更大的经济和社会维度来看，这种社会纽带发挥的作用也不完全是“正面”的。符裕（2008）基于对白沟箱包业网络经济的研究指出，这种社会纽带形成的网络存在过度繁衍、窒息制度安排等弊端，其发展过程可能不像初始时期那样稳固，容易出现危机，而制度保障是必由之路。

（本文曾发表于《社会学研究》2015 年 03 期）

找回农民工的生活

汪建华*

数亿农民工的辛勤劳作支撑了世界工厂，支撑了中国经济的高速发展。就农民工群体而言，他们的生产潜力被充分挖掘，但他们基本的生活需求却被尽力压缩。长期以来，农民工在城市中只有生产而无生活，他们只是作为生产要素存在，其作为城市公民和企业公民的基本生活需求和发展需求却被忽略。

如果站在农民工自身的角度看，这种制度安排在早期并非不可接受。毕竟对于改革开放初期的农民和农民工而言，家庭的生计、生存远比一时的生活需求重要。在城市的打工生活固然是繁重的、乏味的、漂浮不定的，但是毕竟通过这些努力，家里的房子能够盖起来，小孩的教育和成长环境能得以改善，家庭整体生活水平也在逐渐提高。对于长期陷于贫困的农民和农民工来说，在改善家计的大格局下，生产场所的压榨、城市的歧视、家庭成员的分离在某种程度上都是可以忍受的。当然，农民工并非单纯忍受，他们也在以各种方式积极建构自己的家庭和社区生活。

那么什么时候这些问题开始变得难以忍受呢？学界普遍认为，随着新生代农民工越来越多进入城市打工，只有生产没有生活的现状开始变得难以忍受。所谓“新生代农民工”是指那些在1980年后出生的外出务工者。这样的代际划分也很好理解，因为1980年以后，国家的改革开放进程正

---

* 汪建华，中国社会科学院社会学所副教授。

在逐渐铺开，农村的生活正在逐渐改善。在这个年代成长起来的农村青年，生活条件、务农经历、教育经历均与父辈迥异。如果说艰苦的生活经历和生存状态是第一代农民工能够接受“只有生产没有生活”的“农民工生产体制”的基础，那么生活经历和生存环境的变化也是新生代农民工不能接受这一体制的最重要原因。有鉴于此，我们需要重新回到农民工的日常生活形态和生活需求中，评估当前产业关系、社会阶层关系的稳定性，评估当前发展模式的可持续性，讨论经济发展、社会转型的可能出路。

一、拆分型体制与农民工的城市生活图景

中国的城镇化进程与大部分国家和地区都不太一样，西方的城镇化以核心家庭的举家迁移为主要形式。即便在一些后发国家，如巴西、南非等，家庭依然是农村移民的主要生活单位，尽管在移民集聚区充满了贫困和疾病，但毕竟移民的家庭生活是相对完整的。但在中国，一方面出于在全球资本体系激烈的代工竞争中取得成本优势的需要，另一方面由于户籍制度的延续，打工城市和企业只承担部分劳动力再生产成本，相当一部分成本转移到农民工的农村老家，这便是学界所谓的“拆分型农民工生产体制”。对移民工人的流动和迁徙进行制度上的限制，是这一体制能够维持的关键。与之相配套的是，企业较低的工资待遇、临时性的居住安排和劳动执法的不完善。可以说，这一体制决定了农民工在城市的基本生活形态。在沿海大中城市打工的农民工，其家庭生活大多是破碎的、残缺的。部分由于在城市的无根状态，农民工在企业之间、城市之间、城乡之间反复流动。他们在打工企业和城市缺乏长远的发展预期，与工作中认识的同事、朋友保持着极其松散的关系。他们对周边的城中村社区缺乏感情，当地社区居民也对他们漠不关心，只是因为廉价房屋的出租和廉价商品的兜售两者才可能发生联系。他们的日常生活也极其单调，以手机、互联网为主导的信息生活在近年来逐渐成为农民工最重要的休闲方式。

笔者将综合运用现有的大型统计数据、实地调研资料和一些二手文献描绘农民工在城市的生活图景。其中，文章的统计数据包含三个来源：（1）中山大学社会学与社会工作系在2010年对珠三角、长三角19个城市、4152位外来务工人员进行的问卷抽样调查（以下简称中山大学2010年调查数据），在对农民工的生活变化进行纵向比较时，还将用到中山大学2006年的珠三角的外来务工人员问卷调查数据；（2）清华大学社会学系2011年对北上广三个大城市1259位农民工进行的问卷抽样调查（以下简称清华大学2011年调查数据）；（3）清华大学社会学系2011年对2043位农民工进行的抽样电话访问（以下简称清华大学2011年电访数据）。

（一）残缺的家庭生活

中山大学2010年调查数据表明，长三角、珠三角的农民工，与配偶、子女、父母住在一起的，分别为43.38%、20.32%，7.28%；即便将所有情况汇总，与家人共同居住的农民工也没有超过半数（48.80%）。我们必须注意，即便农民工与家人住在一起，也不能表明其家庭生活是完整的，因为他们很可能只是与某一两个家庭成员共同居住。

未成年子女与父母的离散，以及年轻夫妻的分居，可能是最难以忍受的。前者带来的留守儿童问题被社会舆论广为诟病，而后者则带来性压抑，以及伴随而至的各种临时解决方式和不可预计的后果。在中山大学2010年调查数据中，年龄在35岁以下的夫妻，两地分居的比例尚有22.83%；而对于年龄未满18岁的子女而言，只有34.75%与被访者住在一起（问卷问了农民工子女的情况，最多填答三个子女的情况，笔者对三个数据进行了汇总），也就是说，在珠三角、长三角打工的农民工中，将近三分之二的未成年子女无法到打工地与父母共同生活。父母与未成年子女共同生活的难度，要远比年轻夫妇共同生活的难度大，这背后，户籍制度的排斥无疑是至关重要的因素。

与残缺的家庭生活相伴随的，是临时性的居住安排。中山大学2010年调查数据表明，绝大多数农民工居住在企业宿舍或周边城中村的出租屋当中，两者比例分别为36.08%、53.84%，只有4.72%的农民工住在自己购买的房子中。这种临时性的居住安排，也可以从其居住地的生活设施看出来。在农民工的居住场所，拥有洗衣机、电冰箱、空调的比例分别为25.09%、28.77%、24.88%，这些是城市中产阶级居家的标配，绝大部分农民工在打工城市无法触及这类生活标准。甚至有一部分农民工的居住场所，无法满足其最基本的生活需求，居住地没有冲凉房、厕所、电风扇的比例分别为25.99%、12.22%、10.24%。

是否全国农民工的生活形态都与长三角、珠三角趋同？毕竟沿海城市的工业化、城镇化有其自身特点，一方面外来流动人口大量聚集，公共服务资源紧张；另一方面，农民工多为跨省、跨地市迁移。这两个因素使得沿海城市在子女教育、医疗、社保、住房等公共服务资源上，对农民工都保持着较强的排斥，其中户籍是资源分配最明显的依据。而在内地中西部地区，流动人口聚集度低，不少农民工在本市甚至本县范围内迁移，农民工更可能获得相应的公共服务资源和城市户籍，在社会和文化层面也相对容易融入。

我们由此预测，中西部地区中小城市的农民工可能有更完整的家庭生活形态。人口学家杨菊华等人对2011年中国流动人口动态监测调查数据的分析发现，东部地区相比中西部地区，珠三角、长三角、京津冀地区相比其他地区，跨省流动者相比跨市、跨县流动者，家庭规模更大，单人流动比例更高，核心家庭比重更低，家庭结构更不易保持完整。笔者的田野观察也与大数据发现的趋势相符。笔者发现，总体而言，中西部地区小城市的农民工家庭更容易保持完整。农民工或者每天往返于城乡之间，或者整个核心家庭迁入城市，无论居住在城市还是农村，家庭生活都是相对比较完整的。在小城市工作生活的农民工，大多来自本县或本市，本地居民身份使得他们更容易获得当地城市的公共资源，生活成本也比沿海大中城市要低，在语言、习俗等方面亦不存在太大差异，融入当地社会自然相对更容易，因此举家迁移的比例较高。当然，农民工家庭生活的完整性是否按大、中、小城市依次提高，需要大样本的统计数据来验证。

（二）流动的打工生涯与无根的社区生活

农民工城市生活的第二个特点，便是其浮萍一样的流动。笔者曾经在深圳一家电子厂工作一个多月。当3个月后笔者再次回访时，发现当初与自己一起进厂的40多名工人，只剩下了3位，他们虽然只有4个月的工龄，却算得上是这个企业的老员工了。

这家企业薪酬待遇、劳动条件相对较差，又地处外来人口集中的大城市，工人的流动自然极其频繁。但从清华大学2011年电访数据来看，农民工的流动性在全国范围内也是比较普遍，农民工平均每份工作持续时间不足2年，而且其流动性随着农民工入职年限和出生年份的后推显著增强，农民工就业呈现“短工化”趋势。从入职年限看，2000年起进入劳动力市场的农民工，平均每份工作持续时间为3.80年，而2008年开始工作的农民工平均每份工作持续时间却只有1.40年。从出生年份看，1981年和1991年出生的农民工，平均每份工作的持续时间分别为2.68年和0.93年。农民工就业仍然呈现出显著的“短工化”趋势。

农民工频繁流动是为了寻求职业生涯的发展吗？清华大学2011年电访数据显示的结果却恰好相反，逾六成农民工是因为对用工单位不满意才选择离职，变换工作后职业地位的提升也比较有限。该数据也表明，农民工离职的主要原因包括工资或福利待遇差、工作环境差、晋升空间小、工作太无聊等。

与农民工频繁的工作流动相伴随的，是其不断被瓦解的城市社区生活和社会关系网络。“出门靠朋友”，是许多农民工刚外出工作时的朴素想法，但当他们发现自己身边的工友在不断离开而自己的工作也在不断变换时，便可能逐渐变得冷漠麻木。即便农民工在工作期间与身边的外地工友保持密切的来往，但当他们换工作或回老家后，彼此之间便很少再有联系。这种流动的生存状态甚至诱发一些农民工的短视行为，从而进一步恶化了农民工群体的社会关系。在农民工宿舍，丢手机、金钱及其他物品的事情并不罕见，导致工人之间相互提防。

中山大学2010年调查数据显示，在宿舍或出租屋居住的农民工，15.19%只知道一部分同屋室友的名字，甚至有6.02%的被访者表示不认识任何一个同屋居住的人。笔者在深圳电子厂的田野经历中，也经常能体会到工人群体的原子化状态。有一次工厂因故推迟了上班时间，在晚上加班时管理层通过广播通知了这一消息，但因为新员工不用加班，便没有得到任何人的通知。有一位女员工给组长留了联系方式，但也没得到通知。还有一次，笔者在下班时被工友恶作剧反锁在剪铜线的小屋里，只好大声向外面的工友求助，虽然有些工友回头看了看，但几乎所有的工友都没有搭理，他们都赶着吃午饭。当然，笔者并不是说农民工缺乏互助精神或者没有阶级情感，而是说，这种流动的生存状态，严重影响了农民工群体的社区生活，在很大程度上瓦解了其社会关系网络，极大地削弱了其形成共同体和培育阶级情感的基础。

当然，在工人频繁流动的背后，是户籍制度和城市社会的排斥。这也是农民工难以真正扎根当地城市社区的关键因素。户籍制度的排斥无须赘述。在珠三角、长三角城市，农民工与当地居民相互之间的隔阂程度，也不可轻视。中山大学2010年调查数据显示，将近一半农民工感觉本地人很排斥外来打工者，超过四分之一的农民工感觉自己在城市里低人一等，约三分之二的农民工认为自己与本地人交往有困难，交往困难的原因依次是语言问题、生活习惯、观念不同、本地人看不起外地人、没有交往机会、地位差异。

（三）单调的休闲生活

与农民工临时性的家庭和社区生活相应的，是其单调的休闲生活。在农民工劳动力再生产的诸类成本中，被压缩的不仅是其家庭代际再生产的成本，劳动者日常的体力、脑力再生产成本亦被极大压缩。农民工很少有进修、学习的机会，在企业内和居住社区中也缺乏休闲设施和公共空间。笔者通过调研发现，在一些企业内部虽然有游泳池、篮球场、健身房、书店、咖啡厅等各种休闲设施，但这些资源稀少，普通工人很难有机会使用。大部分时候，工人只能跑到周围的网吧，或者盯着自己的手机，或者逛街，或者睡觉，借此打发休闲时间。不少年轻工人抱怨上班累、加班苦，但真到周末，他们又不知道该干什么、该去哪里。对于年纪大一些的工人而言，则更倾向于找加班时间多的企业，一则可以多赚钱，二则休息时间实在不知道该怎么打发。而对于80后、90后工人而言，加班少则休闲时间多、花钱多，只有加班时间多的年轻工人才可能有点存款，他们对加班的态度因此很矛盾，加班是要有的，但不能太多。

清华大学2011年调查数据显示，北上广的新生代农民工在休闲时的主要活动依次为玩电脑、逛街、玩手机、睡觉。新生代农民工平均每天上网时间多达2.70小时。一天24小时中，新生代农民工平均工作时长为9.62小时，再减去农民工的睡觉、吃饭、洗漱时间（假设为10小时），剩余休闲时间也就4小时左右，可以说，上网是其打发休息时间的最主要方式。那么他们上网的主要活动是什么呢？数据显示，新生代农民工上网的主要活动包括QQ聊天、观看影音、信息搜索、浏览新闻、玩游戏等。在近些年，微信普及程度很快，农民工的网络社交越来越活跃。年轻工人如此着迷于电子媒介，在很大程度上是为了修复流水线上异化劳动的痛苦体验，逃避城市生活中无所皈依的困境。在工厂附近，笔者经常看到，下班的工人径直走向网吧，或者回到自己的电脑桌前，开启通宵上网模式，这种情况在周末尤其普遍。

拆分型农民工生产体制从整体上决定了农民工的城市生活图景，农民工的打工生涯是不断流动的，其家庭与社区生活安排是高度临时性的，其社会关系网络是极其不稳定的，其休闲生活亦是非常单调的。当然我们也同样应该注意农民工群体生活状态的内部差异，造成这些差异的因素可能包括：城市规模、地理区域、流动的行政区域跨度、工厂体制、年龄代际、工业化经历等。就农民工自身而言，他们也在以各种方式回应拆分型农民工生产体制，或者在现有的资源条件下和制度缝隙中进行调适，或者在长期的忍耐、挣扎后进行抗议。

二、农民工生活中的调适与反抗

在宏大的经济发展格局中，驯顺、勤劳的农民工只是一种优质的生产要素，近年来，各种主流的叙述话语，都在感慨这种生产要素品质的下降。但如果从农民工微观的生活情境来看，不是生产要素品质下降了，而是农民工对生活质量和个人发展的诉求提高了。即便早期为了赚得家计全力投入生产之中的农民工，也需要从城市的亲缘、地缘网络中寻求支持和慰藉。在近些年来，经济需求和基本人性需求、生产和生活、家庭生计和家庭团聚之间的张力正在变得越来越明显，农民工不得不穷尽各种方式调适这种紧张关系，典型的调适方式包括家庭化迁移、搬离宿舍、重建社会支持网络、换工等。当然，也有部分农民工通过停工、骚乱、自杀等极端方式表达其对现状的不满。

（1）家庭化迁移。

农民工总是尝试各种办法与家人团聚，包括与家人共同外出打工、在个人稳定后陆续接配偶子女到打工地共同生活、节假农忙时回家、寒暑假接子女到城市等方式。中山大学2006年和2010年的数据都包含了对珠三角九个城市的调研，询问了在出租屋居住的农民工与家人同住的情况。从数据看，仅仅四年间，在出租屋中，农民工与家人同住的比例就从62.82%增长到了82.39%，同住比例增加了两成。

农民工要想实现核心家庭的整体迁移，绕不开子女抚育的问题，子女教育与日常照料是其中的两大难题。当前不少沿海城市开始推行积分入户、积分上学，但绝大多数农民工反映，积分入户、上学的标准太高，普通农民工几乎没有可能达到积分标准，只能退而求其次，将子女送到私立学校读书。私立学校每学期的收费标准普遍在3000元以上，农民工能承受三四千元的收费标准，但这类标准的学校，在教学质量上与公立学校是有差距的。

农民工子女的日常照料是另一个大问题。农民工固然可以将子女送到学校、幼儿园，但在小孩课后、周末、节假日、寒暑期，父母很有可能在上班或加班，小孩只能被锁在小屋里打发时间。有一位女工的做法让笔者印象深刻，她将小孩接到工作场所，等到老板过来，就赶紧用箱子把小孩遮起来。这难免让人想起洪尼格笔下民国时期的上海纱厂，女工们在嘈杂的机器中摆放着一排排摇篮。

农民工实现家庭化迁移的另一个方案，便是回到内地小城市工作。内地小城市房价便宜，子女就学问题也容易解决，因此，部分农民工在有一定积蓄后可能回到老家城市发展。不过对于农民工来说，回老家工作，收入可能要降低不少，他们不得不在经济收入和家庭生活之间平衡、抉择。对于部分技术工人来说，老家城市能不能有对口的工作岗位也是个问题。

（2）重建社会支持网络。

家庭的支持毕竟是有限的，更何况，大部分农民工并没有完整的家庭生活，因此，他们需要到熟人关系中寻求更广泛的支持。早期外出务工者更倾向于从老乡、亲戚中获得帮助。初来乍到的农民工在城市中缺乏信息和安全感，老乡、亲戚很自然地成为他们在城市的引路人。“老乡带老乡”的链式流动，使得农民工在城市特定行业、特定区域聚集。在北京、深圳等地，来自特定省市的农民工还集中在一些城中村，形成籍贯属性较强的农民工社区，比如，以服装生产和销售为主导的北京“浙江村”，务工经商人员主要来自浙江温州地区的乐清市和永嘉县；以集装箱运输为主的深圳“平江村”，司机主要来自湖南岳阳市平江县。农民工可以在老乡社群网络中得到包括工作介绍、危难救济、疾病照看、临时借住、权益维护等方面的帮助，也可以通过老乡群体中的日常交往、娱乐、聚餐来打发闲暇时光、延续乡村习俗、获得身份认同。

不过农民工群体在变化，其社会关系网络的构成也在变化。一方面，农民工的工业化经历在不断增长，他们对城市生活越来越熟悉，他们不再像以往那样依赖先天的地缘、亲缘网络，转而开始发展更广泛的业缘网络。另一方面，农民工群体的代际构成也在发生变化，新生代农民工逐渐成为主力军，他们受教育程度更高，信息技术运用能力更强，社会交往方式更为开放，对城市生活更加熟悉，也更注重拓展自己的业缘网络。中山大学2006年、2010年调查数据详细询问了农民工在务工地最好的三位朋友的来源。由于农民工的老乡可能也是其工友，在剔除这类情况后，专门算出了“工友（非老乡）”作为农民工“打工地最好的朋友”的百分比。表1显示，在2006年，农民工业缘网络的重要性已经开始显现，至2010年，以同事关系为代表的业缘网络，便已完全压倒以老乡关系为代表的乡缘网络。仅仅四年时间，我们便目睹了农民工社会关系网络构成的巨大变化。表2则进一步显示了代际差异，在新生代农民工群体中，业缘关系占据着绝对主导地位，但对老一代农民工群体而言，地缘关系与业缘关系同等重要。

表1　珠三角农民工社会关系网络构成的变化

单位：%

最好的朋友	老乡		工友		工友（非老乡）	
年份	2006	2010	2006	2010	2006	2010
第一人	41.73	39.76	51.72	65.07	39.94	48.57
第二人	40.46	34.41	51.54	66.35	42.03	52.99
第三人	38.00	32.79	52.41	65.26	44.43	53.47

表2　2010年珠三角农民工社会关系网络的代际比较

单位：%

最好的朋友	老乡		工友		工友（非老乡）	
代际	老一代	新生代	老一代	新生代	老一代	新生代
第一人	50.08	34.42	66.30	64.44	43.44	51.14
第二人	42.81	30.08	67.19	64.41	47.89	54.11
第三人	40.87	28.83	64.78	65.50	48.69	55.82

随着农民工中高等教育的普及，同学关系也在农民工的工业化、城市化进程中发挥着一定的作用。近年来，在用工荒的背景下，部分企业短期招聘大量学生工，新生代农民工的学缘网络因此成为其相互支持的重要资源。此外，农民工还可能从工会、劳工组织、帮派、教会等组织中寻求支持，不过，这样的农民工只是少数。

（3）搬离宿舍。

搬离宿舍外出居住是农民工寻求个人自主、逃离企业管控监视、避免原子化的另一种方式。与家人共同居住是最理想的，即便不能与家人同住，与老乡、同学、同事、朋友共同分摊房租也是不错的选择。也有不少年轻人选择自己外出租房，尽管成本要比住宿舍高，但他们的回答几乎都是，"在外面住自由，在宿舍太压抑"。

国家统计局发布的农民工监测数据也显示，2009 年尚有 33. 9% 的农民工"居住在雇主或单位提供的宿舍"，但是到 2014 年则降低了 5. 6 个百分点。农民工"租房居住""乡外从业回家居住"的比例在 2009 年分别为 34. 6% 和 9. 3%，到 2014 年则分别提高了 2. 3 个和 4. 0 个百分点。"乡外从业回家居住"比例的增加尤其值得注意，这说明随着产业内迁，越来越多的农民工选择在家乡务工，内地小城市的农民工更有可能住在农村老家，或举家居住在城市社区。

中山大学 2006 年和 2010 年对珠三角外来务工人员的调查，也反映出类似的数据。2006 年，农民工居住在宿舍、出租屋、自购房中的比例分别为 45. 51%、44. 17% 和 1. 54%；2010 年，居住宿舍、出租屋、自购房的比例则分别调整为 45. 01%、47. 41% 和 2. 89%。从珠三角的情况看，农民工居住宿舍的比例降幅不大，居住在出租屋和自购房中的比例则有一定幅度的提升。如果将国家统计局和中山大学的数据作对比，则不难发现，珠三角农民工居住宿舍和出租屋的比例要远比全国高，这说明，随着产业内迁，越来越多的农民工不再居住在临时性的住所中，内地小城市的农民工更有可能摆脱企业宿舍的管控，获得社会生活的自主性。

（4）换工。

前面提到，城市社会的排斥和企业恶劣的劳动条件，是农民工频繁流动的基本原因，这种流动状态不断瓦解着农民工的社区生活和社会关系。不过，从另一个角度看，农民工的换工行为，也是其逃避工作生活压力的一种权宜之计。对于部分新生代农民工而言，家庭经济并不困难，生计压力并不大，有家庭保障做后盾，他们可以随时退出劳动力市场。有一次笔者进入到一间工人宿舍中，满屋子的年轻工人都在自嘲，有些工人说自己没钱花才进厂工作，有些工人说来这里工作，就是为一部小米手机。工人的自嘲难免有夸张成分，但也能够一定程度上反映年轻工人的生活方式。

新生代农民工对于社会生活的追求是普遍的，即便是一些有生计压力的年轻工人，也会通过换工调适经济生活和社会生活之间的紧张。有研究者在佛山顺德区的实地观察发现，在一些年轻工人中存在“跳跃式换工”的现象。当面临经济压力时，他们进入到收入高、工作时间长、管理严格的企业，当短暂的危机过后，他们可能重新选择回到收入不稳定但闲暇时间多、劳动自主性较大的企业。

（5）反抗。

停工可能是工人争取权益最直接也最有效的方式。有些停工直接针对的是企业糟糕的食宿条件。不过更值得重视的是近年来工人停工提出的增长型诉求，比如工资增长、改组工会、落实集体协商制度，这样的行动，更可能发生在资本利润空间相对较大的行业，最典型的，便是汽车零配件行业。以利益增长和劳工集体权利为导向的停工行动，旨在建立制度化的工资增长机制，从长远看，则为工人融入城市、安家立业提供了重要基础。

以追讨社保为目标的停工行动，在近年来日益增多，这说明养老已经成为部分农民工关注的重要议题。典型者如东莞裕元鞋厂，当一大批工人逐渐老去，他们似乎突然意识到社会保障的重要性，随即发起了规模浩大的停工行动。不过，事情的复杂性也很快显现出来，固然有一部分农民工要求企业补缴社保，但也有不少农民工希望把企业补缴社保的费用折算成现金直接打到工资账户，还有一些新员工压根就不愿意缴纳社保，因为这样降低了他们当前到手的工资收入。企业管理者和地方政府官员则表示，农民工在刚参加工作时并不愿意参保，但等到行将离职或退休时，又强烈要求企业补缴社保。长期稳定工作、接近退休年龄的农民工希望落实国家法律，而高度流动的中青年农民工则更看重眼前的收入，表面上态度不一样，实质逻辑是一样的，都希望眼下的经济利益和生活保障最大化。农民工的态度是实用的、现实的，但本质上，他们是弱势的，长年的打工生涯并没有给他们的生活带来保障，只好在离开企业时借助法律奋力一搏。

三、重构农民工生活的政策方向

伴随着国家经济发展、社会进步，劳动者的诉求也在逐渐提高，农民工对完整的家庭和社会生活的需求也日益迫切。面对现实的约束，农民工穷尽各种资源，以缓解经济需求和基本人性需求、生产和生活、家庭生计和家庭团聚之间的冲突。倘若没有国家制度和政策层面的调整，这些冲突将很有可能愈演愈烈。

农民工在城市中的不稳定状态，与其不完整的家庭生活有莫大关系，然其家庭生活现状，又在很大程度上由大中城市在公共服务上对农民工的排斥造成。因此，重构农民工家庭和社会生活的关键，在于如何让农民工最大限度地享受教育、医疗等城市基本公共服务。改革户籍制度、强化城市公共服务的供给、推动城市公共服务资源配置均等化固然至关重要，不过倘若能够通过均衡产业布局的方式，让更多的农民工回到小城市就业、居住，则既可以减缓大城市公共服务供给的压力，也可大大提升农民工融入城市的可能性。此外，加强工会建设，构建劳资双方常规议价机制，同时积极引导劳工组织和工人的自组织力量，也是推动农民工社会融合的重要路径。

第一，理顺体制，强化城市公共服务的供给，切实推进新型城镇化。当前，农民工之所以难以从大中城市获得基本的公共服务，很大原因在于，地方政府缺乏为农民工投入公共财政的动力。因为这样的做法，并无助于地方政府提升政绩，相反，影响了其在城市发展中的财政投入能力。退一步讲，即便地方政府愿意为农民工提供相对其他大中城市更为完善的公共服务，由此导致的“洼地效应”却有可能引来更多的流动人口，从而进一步增加地方政府的财政负担。要破解这个难题，一方面，应该将地方政府在推动流动人口市民化方面的贡献纳入政绩考核中；另一方面，应该切实加强中央政府在教育、社保、医疗等公共服务的统筹和兜底职能。中央政府对重要公共服务资源的统筹和兜底，既可以减轻地方财政压力，提升地方在公共服务投入上的积极性；又可以平衡地区差异，防止“洼地效应”；还可以促进全国信息联网，便利社保、医疗等公共服务的转移接续。

第二，改变资源配置方式，应该以常住人口而非户籍人口为依据，配置公共服务资源。当前许多城市公共服务资源配置多寡，主要由户籍人口数量决定，这直接导致大中城市公共服务供给不足。户籍制度本是计划体制的产物，在劳动力市场高度流动的社会，应该以当地常住人口而非户籍人口配置公共资源，剥离与户籍相关的福利和公共资源配置，还户籍以人口登记的本来面目。

第三，均衡产业布局，推动农民工在小城市甚至小城镇就地城市化。改革开放初期，由于政策倾斜和地缘优势，大量的外资企业在部分沿海大中城市聚集，从而进一步引发外地流动人口在沿海的聚集。跨省和跨地市流动的农民工，占据流动人口的绝大部分。户籍管控思维的惯性，城市公共服务资源的紧张，再加上语言、文化、身份认同层面的隔阂，使得农民工融入打工城市的可能性微乎其微。但在农民工老家附近的小城市，类似的障碍却几乎不存在。当前，沿海部分省份产业升级、腾笼换鸟的政策，为内地承接产业转移提供了一定的契机。不过，产业转移的规模毕竟是有限的，而且这些在沿海被视为低端落后的产业转移到内地，还有可能给当地的劳资关系和生态环境带来负面影响。因此，内地产业的发展和健康的城镇化进程，仍然取决于其本土自主创新和品牌形成能力。

第四，加强工会建设，在企业中构建劳资双方常规议价机制，在社区中做实基层工会组织网络。农民工在城市的稳定发展，自然也离不开其在企业的发展环境。在经济效益好的企业，加强民主工会和集体协商制度建设，有助于构建合理的劳资利益分享机制，从而为农民工融入城市提供更加强有力的经济基础。即便在经济效益一般的企业，民主工会的存在，也有利于畅通工人诉求表达渠道，改善劳资沟通，改进企业管理文化，增强工人的归属感和稳定性。同时，工会也可以尝试在工人集中的社区做实基层工会组织网络，以工联会、工人小组等形式，扎根社区，在不断深入工人群众的过程中了解工人需求，改善工作方法，发展工人积极分子，切实将工会体制内丰富的资源运用到工人群众中，在权益维护、法律宣讲、技能培训、社区融入等方面为工人提供扎实有效的服务。如何在社区中做实基层工会组织网络，深圳市总工会牵头推行的“劳资关系源头治理试验区”，在相关方面已经积累了不少经验。

"互联网+"背景下的劳动关系及工会应对

冯丽君*

"互联网+"即"互联网+各个传统行业"，是指以互联网为主的新一代信息技术在经济、社会生活各部门的扩散、应用与深度融合的过程，其本质是传统产业的在线化、数据化。互联网对传统产业的影响不仅仅局限于业务模式和生产组织形式，对企业的用工模式和员工的就业方式以及员工与企业之间的利益分配、劳资关系平衡都产生很大的影响。

一、新技术革命改变了生产组织形式进而影响劳动关系

现代劳动关系（又称产业关系、雇佣关系、劳资关系）诞生于第一次工业革命（即机械革命），是机械化工业生产组织形式的产物。18世纪中叶，以纺织机械和瓦特蒸汽机的发明为代表的第一次工业革命使人类生产实现机械化，机器替代手工劳动，旧的生产组织形式手工作坊被机器大生产的工厂制代替了。在封建手工作坊时代，手工作坊主以本人的手工劳动为主要的生活来源，不雇用工人，只有做辅助性工作的帮工和学徒。帮工、学徒没有工资，仅有维持生计的微薄报酬，因此，作坊主与帮工、学徒之间不存在雇佣关系。随着资本主义机器化大生产的产生，雇佣就业成为社会主要生产方式，与雇佣就业相应的劳动分工、工资、工时制度、工

* 冯丽君，北京市总工会工运史和劳动保护研究室主任。

会制度开始广泛建立，此为现代劳动关系之发端。

爆发于19世纪70年代至20世纪中叶的第二次工业革命（即能源革命），使生产组织方式出现根本变革。生产分工高度细化和专业化，形成了专业化上下游链条分工和流水线的规模化生产方式。规模化生产使组织层级日益复杂，形成了更加科学的工厂制管理方式，建立了现代公司制度和现代劳动用工制度，专业化细分岗位成为就业主要载体。与此同时，政府出台了大量的协调劳动关系的法律法规，集体谈判制度也得到了确认。

起始于20世纪中叶的第三次工业革命（即信息革命）创造了新型生产、生活方式。微型计算机、互联网发明并商业化以及无线数字通信技术的普及使智能化和分布式生产成为主流，生产日益实时、直接、精益、小规模、低成本，扁平化、碎片化就业方式流行，家庭就业、零工就业、小时就业可以广泛实现。

在这种就业模式下，工作岗位正在转变成工作任务，劳动与雇佣关系正在转变成工作关系，人与组织的关系更加松散。在工作时间、地点、任务和形式方面，劳动者有更丰富、实时、连续、自由的选择，还可在不同的工作任务和工作身份（员工、自由职业者、创客、创业者）中自由切换，从而实现工作与生活的平衡与融合。

二、互联网共享经济平台下非典型性劳动关系

2010年以后，中国逐步迈进共享经济时代。共享经济利用迅速发展的移动互联网平台，重新整合利用那些由于个性化诉求较高而被追求效率的传统商业所忽视的闲置资源和闲置技能，进行最优配置，在共享经济平台上形成新的供需关系甚至产业链。其本质是资源的高效利用，人人都可以成为闲置资源的分享者和使用者，直接参与到共享经济中。

在互联网共享经济平台中，劳动者利用自己闲置的碎片化的工作时间乃至自己的生产工具、生产资料，通过平台提供的需求信息，直接为消费

者服务并获取劳动报酬。平台为劳动者信息分享提供信息技术服务，分享劳动者的收益。在经营方面，平台与劳动者风险共担；在管理方面，劳动者接受平台的某些管理如工时下限、上限以及服务质量的要求，有些平台还需要统一的服装、标识。

那么，互联网共享经济平台中，劳动者和平台之间构成劳动关系吗？学界对此争论十分激烈，主要有两种观点：一种观点认为，互联网经济对传统劳动关系、雇佣关系的挑战是全方位、颠覆式的，互联网使企业和员工之间的关系，由过去的“劳资关系”变成了“资资”关系，由过去的雇佣关系变成了合伙关系。主要理由在于劳动者身份发生了变化，资虽然还是资，但劳不单纯是劳，劳也是资，因为劳动者本身也要提供生产工具和生产资料。而且在互联网业态下，劳动者也要分担经营风险，不再是传统的雇佣者、执行者，而是企业的合作者、合伙创业者。这种观点得到了互联网平台企业法人的广泛认同。他们认为，对平台来说，劳动者、消费者都是顾客，劳动者与平台不是雇佣关系，平台也不是工作机构，而只是将碎片化的任务在互联网上与顾客分享。

另一种观点认为，“互联网＋”下的劳动关系未发生本质变化，传统劳动关系与“互联网＋”劳动模式有着本质上的同一性，即劳动者依照雇主的指令完成劳动任务。在传统模式中，这叫“受雇人有依约遵照指示提供劳务之义务”。在“互联网＋”模式中，全球各地的人们通过互联网聚集在一起，利用各自的技巧和能力，共同完成很多复杂的任务。同样是遵照雇主的指令完成任务，无论这个指令多么遥远，无论这个任务多么复杂、庞大，也无论企业法人给劳动者冠以多么动听的新称谓，劳动者都必须严格按照指令进行劳动，并且由指令发布者分享其劳动所得，这一劳动关系本质的规定性是一以贯之的。

笔者认为，劳动者与互联网共享经济平台之间的关系具备劳动关系的基本特征，但又不是传统的典型的劳动关系。而且，由于不同的网络经济平台具有不同的生产组织形式和用工模式，同一平台对不同劳动者也采取多元化管理方式，在司法实践中，判断平台企业法人与劳动者之间是否存在劳动关系也不能一概而论，要根据具体情况。

根据原劳动和社会保障部《关于确立劳动关系有关事项的通知》第一条的规定，判断是否为劳动关系主要依据三个方面：（一）用人单位和劳动者符合法律、法规规定的主体资格；（二）用人单位依法制定的各项劳动规章制度适用于劳动者，劳动者受用人单位的劳动管理，从事用人单位安排的有报酬的劳动；（三）劳动者提供的劳动是用人单位业务的组成部分。即判断劳动关系的三要素是劳资双方主体资格、劳动者对企业的从属性（人身依附性）以及业务关联性。从主体资格来看，虽然平台中的部分劳动者要使用自己的生产工具和生产资料，但他是通过为消费者提供服务来赚取劳动报酬，其报酬是工资收入，不是资本收入，因此其劳动者的身份并没有发生变化；从人身依附来看，平台对劳动者的制度约束、管理虽然不像传统企业那么严格，但并不是没有管理、没有制度约束，如前节所述，平台对劳动者有工时、服务频次、服务质量乃至服装、标识方面的要求；从业务关联性来看，虽然有些平台辩称自己只是信息服务，不经营具体业务，但由于平台要对劳动者的从业资格、服务质量、生产工具等进行控制，并取得相关的经营收入，因此劳动者提供的劳动应是平台业务的组成部分。新出台的《网络预约出租汽车经营服务管理暂行办法》明确了网约车平台是“从事网约车经营服务的企业法人”，可见平台不只是提供信息服务。

由此可见，劳动者与平台之间具备劳动关系的基本特征。但从雇佣形态来看，互联网经济平台与传统企业有很大的不同。共享经济吸引劳动者的一个重要因素就在于其工作时间的碎片化、随意性以及就业方式的灵活性，使劳动者有更自由的选择、更自如的切换，并能很好地兼顾工作与生活以及个人的兴趣爱好。传统企业对工作时间、工作地点、劳动定额、工作任务的硬性要求可能使部分劳动者无法接受。正因为如此，典型的雇佣关系（即全日制标准用工）在“互联网＋”企业不受青睐，更多的是非典型雇佣关系。按照国际劳工组织的定义，非典型雇佣是对全日制标准用工之外所有雇佣形式的统称，包括临时雇佣、派遣劳务、自雇就业、非全日制工作、兼职工作。以滴滴出行为例，滴滴平台注册司机有1400万人，其中只有25%是专职司机。这25%的专职司机还是采取劳务派遣的形式，劳动关系通过第三方（汽车租赁公司）进行派遣，其他75%的司机都是兼职。这些兼职的司机里，有些有全职的工作，只是利用下班后的业余时间和闲置的车辆资源扩展个人收入渠道；有些属于非全日制用工，同时与多个网约车平台签订非全日制劳动合同，方便其更加灵活自主地选择客运路线，填充不同订单之间的空白时间。

在这种非典型用工模式下，互联网共享经济平台与劳动者之间的劳动关系呈现出与传统企业典型劳动关系不同的非典型特征，即更多地体现了灵活用工和非正规就业的特点。交通部《网络预约出租汽车经营服务管理暂行办法》第十八条明确要求“网约车平台公司应当按照有关法律法规规定，根据工作时长、服务频次等特点，与驾驶员签订多种形式的劳动合同或者协议”。此条款一方面认可了劳动者与网约车平台之间的劳动关系；另一方面又考虑了网约车兼职、灵活用工的情况，为灵活用工制度留下了足够的空间。

三、工会如何应对

“互联网+”背景下的非典型劳动关系和灵活就业给政府的治理和工会工作都带来挑战。如何在保护劳动者权益的同时促进新经济发展？如何正确处理劳动保护与促进就业的关系？如何做到既保护正规就业，也保护灵活就业？这些问题都值得深思。

一方面，工会应推动“互联网+”新型劳动立法和社会保障。我国劳动法律法规主要调整对象是全日制的典型劳动关系，对临时雇佣、非全日制、劳务派遣、兼职、自雇等非典型雇佣或灵活就业、非正规就业的劳动者缺乏法律保护。在国家乃至全世界都大力倡导“发展分享经济，促进互联网和经济社会融合发展”的大形势下，将劳动力市场的进展设定为一个从非正规向正规雇员地位转变的单行道想法可能非常不妥甚至是有害的，但共享经济和互联网创新的大旗不能成为企业规避社会责任的挡箭牌。因此，在保障互联网经济平台多种灵活用工方式自由选择权的同时，应通过对劳动法律法规、社会保障政策的完善，按照“均等待遇”原则保障灵活就业人员的劳动报酬、休息休假、劳动安全卫生、解雇保护、社会保障等各项权益。从就业与劳动保护的关系来看，过度保护可能会影响就业，使就业成了富人的劳动；但若缺少保护，劳动力供给就缺乏积极性，就业就不可持续。因此，不能以促进就业为名牺牲劳动者应当享有的各项权益。

另一方面，工会要创新理论、组织体制、工作方式，以适应互联网时代新型劳动者入会和维权的需要。习近平总书记在中央党的群团工作会议上明确指出：随着社会发展，新经济组织、新社会组织、新兴群体越来越多，群团组织必须适应这个发展趋势，努力去做他们的工作，不要让他们游离于群团组织之外。“互联网＋”时代的劳动者，工作时间和工作地点不确定，劳动关系或临时或多重，就业不稳定且与组织关系松散，网络平台几乎成了联系他们的唯一渠道。在这种情况下，工会如何去联系他们、组织他们、维护他们的合法权益？一是要突破理论障碍，创新“工人阶级”“职工”概念的内涵与外延，以将互联网经济时代更多的灵活就业人员纳入工会工作的范畴；二是可能要改变现有的依托某个用人单位、某个地区、某个行业协会面对面发展工会会员、建立工会组织、开展工会活动的做法，而是要运用“互联网＋”的思维，更多地运用现代信息和通讯技术以及虚拟的社交平台去开展工作，探索新的组织形式和工作方式。

群团改革与工会工作

全国总工会改革试点方案系列解读

龚惠文

一、充分认识全国总工会改革试点的重要意义

2015年11月9日，习近平总书记主持召开中央全面深化改革领导小组第十八次会议，审议通过了《全国总工会改革试点方案》。在全总开展中央群团机关改革试点，是党中央从协调推进“四个全面”战略布局出发作出的重大决策部署，是全总历史上的一件大事，意义重大，影响深远。全总和各级工会要全面贯彻党的十八大和十八届三中、四中、五中全会精神，深入贯彻习近平总书记系列重要讲话精神和中央党的群团工作会议精神，把思想统一到中央决策部署上来，抓住机遇、深化改革，勇于探索、全面创新。

推进全总改革试点，是贯彻中央决策部署、推动群团改革的重要举措。以习近平同志为核心的党中央高度重视群团和工会改革创新。2015年1月，党中央印发了《关于加强和改进党的群团工作的意见》，强调改革创新是群团工作发展进步的不竭动力，要不断推进群团工作和群团组织建设理论创新、实践创新、制度创新。7月6日，中央党的群团工作会议召开，习近平总书记发表重要讲话，对群团组织改革创新提出明确要求，强调要在群团组织中深入推动思想教育、问题整改、体制创新，转变思想观念，强化群众意识，改进工作作风，提高工作水平；工会、共青团、妇联

等群团组织要增强自我革新的勇气，下大气力解决突出问题。7 月下旬，党中央决定在全国总工会开展中央群团机关改革试点。这是贯彻习近平总书记重要讲话精神和中央党的群团工作会议精神、加强和改进新形势下党的群团工作的重要举措，是党中央交给全总的一项政治任务。

推进全总改革试点，是工会组织和工会工作保持和增强政治性先进性群众性、在党和国家工作大局中更好发挥作用的内在要求。习近平总书记指出，加强和改进新形势下党的群团工作，最重要的是要保持和增强政治性、先进性、群众性。政治性是群团组织的灵魂、是第一位的，先进性是推进群团工作的重要着力点，群众性是群团组织的根本特点。全总改革试点牢牢把握保持和增强政治性、先进性、群众性这条主线，明确提出了要旗帜鲜明地坚持党的领导，在思想上政治上行动上始终同以习近平同志为核心的党中央保持高度一致，全面把握中国特色社会主义群团发展道路“六个坚持”的基本要求和“三统一”的基本特征，坚持和拓展中国特色社会主义工会发展道路，让党的领导通过工会组织具体而深入地落实到职工群众中去；牢牢把握为实现中华民族伟大复兴的中国梦而奋斗的时代主题并不断充实其内涵，紧紧围绕党和国家工作大局，把职工群众组织起来、动员起来、团结起来，引领广大职工群众坚定不移跟党走，自觉践行社会主义核心价值观，真正成为党执政的坚实依靠力量、强大支持力量、深厚社会基础，始终走在时代前列，为实现“十三五”规划目标任务、夺取全面建成小康社会决胜阶段的伟大胜利，实现第一个百年奋斗目标贡献智慧和力量；把党的群众路线作为工会的生命线和根本工作路线，采取有力的改革措施，增强工会组织的广泛性和代表性，更多关注、关心、关爱普通职工群众，大力健全工会组织特别是基层工会组织，建立健全联系职工群众的长效机制，增进与职工群众的感情，把服务职工群众、维护职工群众合法权益的旗帜牢牢掌握在手中，按照职工群众需求开展工作，提供精准对路的服务，使广大职工在共建共享发展中有更多获得感。

推进全总改革试点，是激发工会组织活力、推进工会工作全面创新的强大动力。中华全国总工会成立90多年来，在中国革命、建设、改革的各个时期，始终坚定地跟党走，与党和人民的事业同呼吸、共命运。中国工人运动始终在中国共产党领导下，紧跟时代步伐，走在中国社会变革的前列。特别是进入改革开放新时期，改革成为时代的主旋律和最强音，成为决定中国前途命运的关键一招，与时俱进、改革创新更成为工会工作和工运事业的鲜明特色。党的十八大以来，党中央提出并形成了“四个全面”战略布局，全面深化改革是“四个全面”战略布局中具有突破性和先导性的关键环节，群团改革是全面深化改革的有机组成部分。全总作为中央群团机关改革的试点，率先改革，取得经验，这对于推进工会工作全面创新、开创工运事业新局面，是一个重大机遇。

推进全总改革试点，是工会解决自身突出问题，更好地服务基层、服务职工群众的迫切需要。长期以来，全总和各级工会不断推进自身改革和建设，工会组织的作用和活力不断增强。但是，面对新形势新任务，工会组织还存在不相适应的问题，特别是工会领导机构组成人员广泛性和代表性不够，基层基础工作薄弱，组织覆盖不到、覆盖不全等，与党的要求和职工群众期待还有差距。解决这些问题，根本上要靠改革。全总改革试点，坚持问题导向、职工需求导向，采取有力改革举措，改进工会领导机构人员构成和全总机构设置，创新职工建功立业的载体和方式，完善维护职工权益制度和机制，着力做强基层夯实基础，坚决维护职工队伍和工会组织团结统一，创建工会网上工作平台，充分发挥全总党组的领导核心作用等，将有利于进一步形成眼睛向下、面向基层、职责明确、运转高效的格局，防止和克服脱离职工群众现象，把工会工作深深植根于广大职工群众中间，把工会组织建设得更加充满活力、更加坚强有力，更好地适应基层工作和职工群众需要。

二、准确把握全国总工会改革试点的总体要求

全国总工会改革试点事关工会工作全局和工运事业长远发展。为确保

改革顺利推进，必须准确把握改革的总体要求，明确改革的指导思想、目标要求、基本原则。

深刻理解全总改革试点的指导思想。全总改革必须高举中国特色社会主义伟大旗帜，全面贯彻党的十八大和十八届三中、四中、五中全会精神，以马克思列宁主义、毛泽东思想、邓小平理论、“三个代表”重要思想、科学发展观为指导，深入贯彻习近平总书记系列重要讲话精神特别是关于工人阶级和工会工作的重要论述，按照“四个全面”战略布局，贯彻落实中央党的群团工作会议重要部署，全面把握中国特色社会主义群团发展道路“六个坚持”的基本要求和“三统一”的基本特征，贯彻党的全心全意依靠工人阶级根本方针，站在巩固党执政的阶级基础和群众基础的政治高度，牢牢把握工运时代主题，坚定不移走中国特色社会主义工会发展道路，勇于责任担当、勇于直面问题、勇于自我革新，最广泛地把职工群众组织动员起来，为实现“两个一百年”奋斗目标、实现中华民族伟大复兴的中国梦建功立业。

把握这一指导思想，要从三个方面加深认识：一是党中央高度重视工会改革创新，习近平总书记在中央党的群团工作会议上明确要求，工会等群团组织要增强自我革新的勇气，改革和改进机关机构设置、管理模式、运行机制。党中央专门下发《关于加强和改进党的群团工作的意见》，强调要推动群团组织改革创新、增强活力。这些重要指示精神为工会改革创新提供了强有力的指导。二是中国特色社会主义群团发展道路明确了“六个坚持”的基本要求和“三统一”的基本特征，是做好党的群团工作的基本遵循。坚持中国特色社会主义群团发展道路，落实到工会工作，就是坚定不移地走中国特色社会主义工会发展道路。要通过有针对性的改革，更好地贯彻和体现自觉接受党的领导、团结服务职工群众、依法依章程开展工作相统一这个根本原则，更好地坚持中国特色社会主义工会发展道路，强化工会组织对巩固党的执政基础的重要作用，强化工会工作联系服务职工群众的意识、能力和效果。三是工会工作是党的群团工作、群众工作的重要组成部分，推进工会改革必须放到党和国家工作大局中去思考和谋划。要围绕工运时代主题，把深化改革开放、推动科学发展、促进社会和谐作为发挥作用的主战场，把做好新形势下职工群众工作、调动职工积极性和创造性作为中心任务，把巩固党执政的阶级基础和群众基础作为政治责任，切实发挥工会组织在推进“四个全面”、实现中国梦中的重要作用。

准确把握全总改革试点的目标要求。全总改革必须紧紧围绕保持和增强工会工作和工会组织的政治性、先进性、群众性这条主线，强化问题意识、改革意识，克服“机关化、行政化、贵族化、娱乐化”现象，改革全总机关的组织体制、管理模式、运行机制和活动方式，解决脱离职工群众的突出问题，加强基层工会建设，增强全总机关影响力凝聚力战斗力，带动各级工会特别是基层工会更好地发挥党联系职工群众的桥梁纽带作用、国家政权的重要社会支柱作用和职工利益的代表者维护者作用，把工会组织建设得更加充满活力、更加坚强有力，切实承担起引导职工群众听党话、跟党走的政治责任。

这一目标要求，一是体现了中国工会的性质。工会组织是党领导的工人阶级群众组织，政治性、先进性、群众性是中国工会最鲜明的特征，是新时期工会工作的方向，也是工会改革的方向。要把保持和增强政治性、先进性、群众性贯穿全总改革试点全过程，更好地坚持党的领导，更紧密地把广大职工团结在党的周围，更有力地推动党的决策部署在工会组织落地生根，这是工会组织的重要政治责任，也是衡量改革成效最重要的标准。二是体现了改革的必要性和紧迫性。改革是由问题倒逼而产生，又在不断解决问题中而深化。解决突出问题，根本出路在于改革，要有直面问题的勇气、解决问题的担当、破解难题的能力，敢于啃硬骨头，敢于向顽疾开刀，在改进工作作风、密切联系职工方面拿出切实可行的举措，不断提高改革的针对性和实效性。三是体现了全总机关承担的重要责任。全总机关在推动工会工作改革创新、更好地履行党赋予工会组织职责方面，起着重要的示范引领作用。要适应基层和职工需要，改革和改进全总机关机构设置、管理模式、运行机制和活动方式，从广大职工最期盼的事情做起，从制约工会组织发挥作用最突出的问题改起，由点到面、循序渐进，切实通过改革增强发展活力。

牢牢坚持全总改革试点的基本原则。全总改革必须把握坚持正确方向、突出问题导向、着力开拓创新的原则。一是坚持正确方向，就是要坚持中国共产党的领导，坚定走中国特色社会主义道路，坚决维护以习近平同志为核心的党中央权威，坚持为党分忧、为民谋利，把党的领导、党的意志和主张、党对职工群众的关怀落实到工会工作中。这是顺利推进改革试点的根本保证。二是突出问题导向，就是要紧扣服务职工群众这一永恒主题，针对工会领导机构组成人员广泛性、代表性不够，机关机构设置不够合理，活动方式存在自我循环、封闭运行现象，直接联系和服务职工群众的工作制度不够完善，资源向基层倾斜不够，一些干部维权服务能力不足等问题，采取有力改革举措，明确重点、突破难点，对症下药、标本兼治，坚持立行立改，切实解决问题。这是改革试点成功与否的关键。三是着力开拓创新，就是要把工会工作的发展基点放在创新这个力量源泉上，解放思想、更新观念，凝聚共识、集思广益，提出具有针对性、前瞻性、突破性的思路和办法，破解制约工会工作创新发展的制度性障碍，为推动工会工作再上新台阶提供强劲动力。

三、有效整合精简机关机构　优化强化工作职能

习近平总书记在中央党的群团工作会议上指出，群团组织要坚持眼睛向下、面向基层，改革和改进机关机构设置、管理模式、运行机制，坚持力量配备、服务资源向基层倾斜，要牢牢掌握维护群众权益大旗，下大气力开展网上工作，加大做农民工工作力度，联系和引导相关社会组织。这些重要论述，为我们强化职能作用、改进机构编制设置，推进工会工作创新发展进一步提出了要求，指明了方向。《全国总工会改革试点方案》提

出的改革措施中，第一条就是改进工会领导机构人员构成和全总机构设置。这是贯彻党中央关于群团组织改革创新的决策部署，适应新形势新任务的要求，针对存在的问题，回应职工群众期待的重要举措。

工会是党联系职工群众的桥梁和纽带。随着党在各个历史时期中心任务的变化，全总的任务、职能及其机构设置、工作方式等也相应地调整和变化。随着形势发展变化，职工队伍特别是农民工队伍不断发展壮大，劳动关系领域社会组织快速兴起，网络对职工群众生产生活影响日益深入，劳动关系矛盾复杂多发，工会工作对象不断扩大、工作领域不断拓宽、工作内容不断增加，这就对工会组织更好地发挥作用提出了新的要求，全总必须积极适应形势的发展变化，勇于改革创新，整合精简机构、优化强化职能。

全总在改革试点中对机构编制进行必要的调整。调整的基本原则，一是广泛征求意见，反复研究论证，充分考虑各种因素，积极稳妥推进，既适应工作需要，又体现改革力度，既强调必要性，又注重科学性；二是面向基层，强化服务基层、服务职工的职能，把编制资源向基层倾斜，进一步做强基层、夯实基础；三是聚焦主责，机构设置的调整注重职能整合优化，提质增效，强化工作执行力；四是依法合规，认真落实“精简、统一、效能”的要求。

通过整合机构、优化职能，进一步形成面向基层、职责明确、运转高效的格局，有利于聚焦工会法定职责、强化维权服务职能，突出农民工入会和服务工作；有利于强化指导职工群众参与经济建设、劳动竞赛和安全生产等职能，充分调动职工群众劳动创造和安全生产的积极性主动性；有利于加强基层工会组织建设和工会工作，推进企事业单位民主管理；有利于适应互联网迅猛发展和职工生产生活方式深刻变化的趋势，统筹推动工会网上工作；有利于应对劳动关系领域社会组织发展迅速等新情况，强化联系和引导劳动关系领域社会组织职能，维护职工队伍和工会组织的团结统一；有利于推动全总直属事业单位分类改革和发展，增强服务基层和职工的能力。

目前县级工会和乡镇（街道）工会存在缺编制、缺经费、缺办公场所、缺工作人员等现象，基层工会活力有待进一步加强。为更好地使工会的力量配备、服务资源向基层倾斜，全总坚持重心下移，在人员编制上“减上补下”，精简一部分编制，充实到若干任务繁重、力量薄弱的县级工会，为省市级工会加强基层工会建设作出示范，带动省级、市级地方工会实行编制“减上补下”。同时，依靠地方党委政府的重视和支持，推动县一级整体编制调整，充实工会组织；指导县以下工会组织通过争取公益性岗位、增加兼职比例、实行岗位人员流动等多种途径，逐步解决县级工会和乡镇（街道）工会专职工作人员短缺的问题。

机构编制调整是改革试点的一项重要内容。要把思想和行动统一到中央精神上来，加强思想政治工作，把耐心细致、有理有情的思想政治工作贯穿改革试点全过程。切实做好职能划转、人员定岗和工作交接等工作，精心操作、平稳过渡，井然有序、无缝对接，确保新的机构尽快有序运转起来，做到思想不乱、队伍不散、工作不断。要通过改革，进一步增强指导服务基层的功能，提高机关工作效率和服务水平，为推动工会工作创新发展奠定坚实的组织基础。

四、创新职工建功立业的载体和平台

《全国总工会改革试点方案》提出“创新职工建功立业的载体和平台”，明确了创新的着力点。这是贯彻党的十八届五中全会精神，把广大职工群众组织起来、动员起来、团结起来，为实现“十三五”规划目标任务、实现中华民族伟大复兴中国梦充分发挥工人阶级主力军作用的必然要求，是落实中央党的群团工作会议部署、保持和增强工会组织先进性的重要举措。

党的十八届五中全会是在全面建成小康社会进入决胜阶段召开的一次

重要会议。习近平总书记在全会上的重要讲话和全会审议通过的《中共中央关于制定国民经济和社会发展第十三个五年规划的建议》，为党和国家事业发展绘就宏伟蓝图，为包括广大职工在内的全国人民共同奋斗指明前进方向，是未来5年我国经济社会发展的纲领性文件。全会明确提出，要注重发挥工会、共青团、妇联等群团组织的作用，最大限度凝聚全社会推进改革发展、维护社会和谐稳定的共识和力量。实现“十三五”规划目标任务，符合广大职工的根本利益和共同愿望，对保持和增强工会组织先进性、充分发挥工人阶级主力军作用提供了广阔舞台，也对推进全总改革试点、促进工运事业发展提出了新的更高要求。

创新职工建功立业的载体和平台，需要做好以下几个方面工作。

一是着力做优做强工会工作品牌、激发职工创新创造活力。这些年来，工会紧扣时代脉搏、围绕党和国家中心工作，形成了劳动竞赛、工人先锋号等一批有影响的载体和品牌。牢牢把握我国工运事业的时代主题并不断充实其内涵，需要把这些品牌做强，使其形成机制、坚持标准、更加规范，吸引更多职工参加，扩大社会影响，发挥更大作用。

贯彻创新、协调、绿色、开放、共享的发展新理念，围绕“十三五”规划和“一带一路”建设、京津冀协同发展、长江经济带建设等国家发展战略开展劳动竞赛，深入推进国家重大科技专项、重大工程建设，开发区、自贸区建设等示范性劳动竞赛。围绕实施创新驱动发展战略和《中国制造2025》，开展技术创新、管理创新和服务创新，组织动员职工投身大众创业、万众创新，为推动经济保持中高速增长，产业迈向中高端水平贡献智慧和力量。

加强劳动竞赛机制建设。健全各级劳动竞赛委员会，完善劳动竞赛绩效评估机制。创新劳动竞赛形式和载体，提高职工特别是非公企业职工参与率和受益度。深化职工职业技能比赛，根据国家构建产业新体系要求设置工种，扩大比赛效应。

打造更多更优职工建功立业品牌。强化品牌意识，把五一劳动奖、大国工匠、工人先锋号等活动进一步做强做大，成为工会更有影响的全国性品牌。支持和鼓励各级工会根据实际，完善劳模创新工作室、职工先进操作法评选等活动，努力创造更多新品牌。

二是着力改善劳动模范评选宣传和管理服务。改进劳模培养选树和评选工作。注重通过劳动竞赛发现、培养、评选和使用劳模，提高一线职工和工程技术人员在劳模中的比例，让普通职工参与劳模评选过程，推动社会参与劳模评选。

大力弘扬劳模精神、劳动精神。创新职工群众广泛参与、形式多样的宣传平台，综合运用中央和地方主流媒体、网络媒体等，讲好劳模故事和劳动故事，引导广大职工学习劳模、争当劳模。推动提高党代表、人大代表、政协委员中一线劳模的比例，从劳模中选拔专兼职工会干部。搭建信息化管理平台，密切与劳模的联系，倾听劳模呼声、反映劳模诉求，做到动态化管理、精细化服务。

三是着力拓展职工职业技能培训。推动建设一支知识型、技术型、创新型高素质劳动者大军，为实现“十三五”规划提供坚实的智力支持和人才保障，是工会组织的重要战略任务。

加强技术工人培训工作。整合工会职工教育和技能培训资源，建立全总金蓝领职工技能培训示范点。注重发挥职工职业技能实训基地的作用，深入开展职工技术创新活动，增强职工创新活动补助资金的实效。促进完善技术工人的培养、使用、培训、激励机制，拓宽技术工人职业发展渠道。

四是着力以社会主义核心价值观为引领，强化职工思想政治工作。深化精神文明创建活动，开展中华优秀传统文化、传统美德教育，加强职业道德建设，把社会主义核心价值观的要求融入各种精神文明创建活动之中。广泛开展“中国梦·劳动美”主题教育，推动职工读书活动进基层、到班组，打造健康向上的职工文化和企业文化。

改进职工思想政治工作的方式方法。聚焦职工群众关注的热点难点问题，有效地组织职工、宣传职工、教育职工、引导职工。充分运用新媒体开展职工思想政治工作，加强对职工特别是青年职工的思想引导和人文关怀，把解决思想问题与解决实际问题结合起来，提高思想政治工作的针对性和有效性。

五、完善维权服务制度机制

《中华人民共和国工会法》明确规定，维护职工合法权益是工会的基本职责。《全国总工会改革试点方案》将完善维护职工权益制度和机制作为重要措施进行了具体安排，提出要突出维护职工基本权益、健全职工协商民主机制、构建以精准帮扶为重点的服务职工体系、提升农民工入会和服务工作、强化工会资产服务职工功能、探索建立工会服务职工满意度评价制度。各级工会要深入研究解决新常态下职工权益实现的新情况新问题，突出问题导向，强化服务意识，把政策帮扶、制度保障和普惠性服务相结合，完善制度机制，提高维权能力，促进广大职工在全面建成小康社会进程中共享成果。

一是健全"制度保障"，把工会维权工作纳入党和政府主导的维护群众权益机制。

——拓宽有序参与劳动法律法规政策的制度机制。将劳动就业、收入分配、社会保障等职工切身利益问题，作为源头参与立法和政策制定的重点，在户籍制度改革、国有企业改革、收入分配制度改革、社会保险顶层设计中及时反映和引导职工诉求。积极拓展参与途径和方式，推动健全协调劳动关系三方机制、政府与工会联席会议制度，运用人大、政协提案议案、部际联席会议等机制平台，主动争取加入相关领导机构、协调机构，参与涉及职工劳动经济权益法律法规政策的制定与实施。

——完善协调劳动关系机制。以提质增效为重点深化工资集体协商，积极开展区域（行业）集体协商，推广制定行业劳动定额标准经验，建立欠薪报告制度，着力维护职工劳动报酬权益。健全集体协商、职工代表大会、厂务公开、职工董事职工监事等制度，促进和谐劳动关系创建活动由工业园区向企业比较集中的乡镇（街道）、村（社区）扩展，推动中国特色和谐劳动关系建设。

——加强监督检查。积极参与涉及职工劳动经济权益的社会性管理监督机构，主动参与各级人大执法检查、政府部门劳动行政监察、政协视察活动。建立健全工会劳动法律监督制度和职工法律援助制度，督促企业增强守法意识，履行社会责任。加大普法工作力度，引导职工特别是农民工增强法治观念、提高维权能力。

二是落实“政策帮扶”，构建以精准帮扶为重点的服务职工体系。工会适应经济发展新常态和树立创新发展新理念，以精准帮扶困难职工为主体功能，全方位服务广大职工。

——努力为广大职工提供普惠性服务。大力开展跨区域劳务合作，共享就业信息。服务创新驱动战略，围绕大众创业、万众创新开展创业服务，积极扶持有创业意愿和创业能力的下岗失业人员、农民工开办创业项目。推动工会开展的职工医疗互助活动健康发展。以帮扶（服务）中心为依托，探索“互联网+”服务，主动承接政府转移的公共服务职能，拓展服务功能。

——做实做细工会帮扶服务品牌。积极培育一批示范效应好、影响力大、带动作用强的品牌项目，深化送温暖等富有工会特色的服务品牌，做实全国工会创业就业援助月、技能培训促就业等活动，实现常抓常新。努力将帮扶工作与国家社会救助体系相衔接，推动将符合条件的困难职工纳入到最低生活保障制度和教育、医疗、住房等专项救助体系。贯彻中央扶贫开发工作会议精神，围绕实施精准扶贫、精准脱贫的基本方略，积极参与到打赢脱贫攻坚战中。

三是坚持“突出重点”，加强对农民工等特定人群特殊困难帮扶维权服务。工会维权要讲全面，也要讲重点，要积极推动解决农民工、困难职工、民族地区职工等特定人群特殊困难。

——重点做好为农民工服务工作。以农民工需求为导向，切实维护农民工劳动就业、技能培训、工资报酬、社会保险、安全卫生等权益，推广为农民工发放工会服务卡等做法，实现农民工入会数量和服务质量双提升。

——完善对特定人群特殊困难的专项帮扶机制。密切关注经济结构调整、化解产能过剩进程中职工权益保障情况，重视东北等老工业基地、资源枯竭工矿区困难职工在技能培训、创业就业、社会保险、生活救助等方面存在的问题，加强专项帮扶。

——健全工会对口支援新疆、西藏工作机制。按照“十三五”规划要求，结合新疆、西藏及4省藏区实际，创新援疆援藏项目、资金管理制度，做到精准援助，提升工会服务各民族职工群众的能力和水平。

四是强化“基层基础”，提升基层工会服务能力。

——完善基层工会维权服务路径，对职业相对稳定的职工，通过地方工会和企业工会维护职工权益，把职工合法权益落到实处；对灵活就业、新就业形态职工和下岗失业职工，通过街道（社区）工会、楼宇工会提供维权、帮扶等服务，帮助职工解决劳动纠纷。

——增强基层工会帮扶服务能力，重心向基层倾斜，推进开发区（工业园区）、乡镇（街道）、村（社区）和大型企业帮扶站点建设。

六、夯实基层基础　建设“职工之家”

《全国总工会改革试点方案》在改革的目标任务中强调，要“加强基层工会建设”，在改革措施中专门提出“着力做强基层夯实基础”。这是符合中央要求和工会实际、体现基层工会和职工群众意愿的重要举措。

基层工会处于工会工作的最前沿，直接联系和服务职工群众，是落实工会各项任务的具体组织者、推动者和实践者。各级工会要从巩固党执政的阶级基础和群众基础的高度出发，紧紧抓住增强基层工会活力、发挥基层工会作用这个关键环节，把基层工会工作的发展基点放在创新这个力量源泉上，不断创新工作方法，着力做强基层夯实基础。

近年来，各级工会主动适应企业组织形式、职工队伍结构、劳动关系的新变化，延伸工作手臂，拓展服务链条，突出组建工会和发展会员的重点领域和重点对象，最广泛地把农民工、劳务派遣工、灵活就业人员等组织到工会中来，工会组织和工会工作对职工的覆盖面有效扩大，为工会维护职工合法权益、在党和国家工作大局中更好发挥作用奠定了组织基础。但是也要看到，面对时代发展、社会变化和职工需求带来的新情况，基层工会工作与形势任务的要求和职工群众的期盼仍有一定差距。必须坚持问题导向，着力开拓创新，采取有力措施加以解决。

在改革中做强基层夯实基础，要认真贯彻落实习近平总书记关于加强基层工会建设的重要指示精神，着眼于扩大基层工会覆盖面，把更多的资源向基层倾斜，把更多的精力投入到基层一线，认真解决基层工作中面临的困难和问题，使工会组织在基层和职工群众中更好地凝聚人心、联系群众、坚守前哨，成为更加坚强有力的战斗队、工作队。

改革创新工会组建和会员发展工作，最大限度地把包括农民工在内的广大职工吸收到工会中来。着眼于解决工会组织覆盖不到、覆盖不全的问题，探索以多种形式构建纵横交织的网络化组织体系，努力做到哪里有职工、哪里就有工会组织，怎么有利于做好工作、就怎么组建工会。尊重职工群众主体地位，动员职工依照工会法和工会章程组建和参加工会。适应新型工业化、信息化、城镇化、农业现代化同步发展的新形势，在巩固已有的工会组织基础的同时，在各类企事业特别是非公有制经济组织、社会组织中普遍建立工会组织，把新领域新阶层作为组建工会和会员发展的重点，实现对非公有制企业职工、科技工作者和灵活就业人员等有效覆盖。聚焦农民工入会工作，以开发区（工业园区）、建筑项目、物流（快递）业、家庭服务和农业合作组织 5 大领域和行业为重点，强化分类指导和服务吸引。在深化国有企业改革中，巩固和加强工会组织建设和工会工作。创新组织形式，按照地域相近、行业相同的原则，推进区域性、行业性工会联合会建设，实现对中小微企业的组织覆盖。探索和加强自贸区及乡镇（街道）、开发区（工业园区）等工会建设，发挥其承上启下的重要作用。运用大数据，开辟网上申请入会等途径，拓展职工便捷入会渠道，为工会组建和会员发展提供技术支撑。推行会员实名制管理，建立会员组织关系随劳动关系流动接转的机制，实现会员管理制度化、规范化、信息化。

改革创新基层工会制度机制，着力提升基层工会规范化建设水平。把组建工会、创办职工服务中心（站）、建设“职工之家”统一起来，努力把“家”建在职工身边。着眼于进一步增强基层工会活力、发挥基层工会作用，广泛开展“争创模范职工之家、争做职工信赖娘家人”活动，做到组织活动请职工一起设计，安排任务请职工一起参与，表彰先进请职工一起评议。坚持工会经费使用进一步向基层倾斜，加大经费向乡镇（街道）、开发区（工业园区）和基层工会倾斜力度，把更多的经费直接用于基层和普通职工群众。

提升工会干部联系服务职工的能力，为基层工会建设提供有力保障。要按照“绝对忠诚党的事业、竭诚服务职工群众”的要求，引导基层工会干部争做全心全意为人民服务宗旨的忠实践行者、党的群众路线的坚定执行者、党的群众工作的行家里手。要依法规范基层工会民主选举，增强工会组织代表性。建立完善“社会化招聘、契约化管理、专业化培训、职业化发展”工作机制，加强社会化工会工作者队伍建设，推动纳入国家社会工作专业人才队伍范围。加强基层工会干部的培训工作，通过集中培训、送教上门、网络培训等多种方式，增强培训工作的针对性和实效性，不断提高工会干部的履职能力。

七、坚决维护职工队伍和工会组织团结统一

工会组织是创新社会治理和维护社会和谐稳定的重要力量。《全国总

工会改革试点方案》制定了“坚决维护职工队伍和工会组织团结统一”的改革措施，对维护职工队伍的团结稳定和工会组织的健全统一，充分发挥工会对劳动关系领域社会组织的政治引领、示范带动、联系服务作用等，提出了明确要求。

维护职工队伍和工会组织的团结统一，是工会服从服务党和国家工作大局、巩固党执政的阶级基础和群众基础的必然要求，是厚植密切联系职工群众优势、履行工会维权基本职责的内在要求，是适应劳动关系发展新情况新变化、源头治理劳动关系矛盾的迫切要求。协调推进“四个全面”战略布局，做好改革发展稳定各项工作，实现“十三五”规划目标任务，必须依靠包括广大职工在内的人民群众的支持和拥护。工会要更好地围绕党和国家工作大局开展工作，必须建立健全统一的组织，充分发挥职能作用，调动职工群众的积极性、主动性、创造性。《中华人民共和国工会法》规定：“全国建立统一的中华全国总工会。”这是由中国工人运动的发展历史和中国的国情决定的。中国工会依照《中华人民共和国工会法》建立全国统一的工会组织，坚持“促进企业发展、维护职工权益”的工作原则，努力推动建立规范有序、公正合理、互利共赢、和谐稳定的劳动关系，确保职工队伍和工会组织的团结统一，符合广大职工的根本利益和共同意愿。

党和国家历来高度重视劳动关系和谐与职工队伍稳定，制定了一系列法律法规和政策措施并作出工作部署。中共中央、国务院颁发《关于构建和谐劳动关系的意见》，提出建立中国特色和谐劳动关系。当前，我国劳动关系和职工队伍总体上和谐稳定。但应该看到，我国正处于经济社会转型时期，劳动关系的主体及其利益诉求越来越多元化，劳动关系矛盾凸显和多发，构建中国特色和谐劳动关系、维护职工队伍稳定的任务艰巨繁重。

维护职工队伍和工会组织的团结统一，要更加有效地调处劳动关系矛盾，做好维护职工队伍稳定工作。各级工会要在党委领导下，积极配合政府有关部门，有效预防化解劳动关系矛盾；坚持维权维稳相结合，把维权作为维稳的基础，把维稳作为维权的延伸，加强工会维权服务工作，协助党委、政府和企业，妥善处置劳动关系群体性事件；坚持运用法治思维和法治方式，把维护职工队伍稳定工作纳入法治化轨道，深入开展法治宣传教育，引导职工依法理性表达诉求，通过协商协调的方式解决问题；进一步畅通职工诉求表达渠道，健全职工利益协调和权益保障机制，及时发现和处理劳动关系矛盾隐患，把问题解决在基层、化解于萌芽状态。

维护职工队伍和工会组织的团结统一，要发挥工会组织作为枢纽型组织的作用，加强对有关社会组织的政治引领、示范带动、联系服务。《中共中央关于加强和改进党的群团工作的意见》提出，群团组织要通过服务来引导和促进社会组织健康有序发展，推动政府治理和社会自我调节、基层群众自治良性互动，促进多元治理主体协同协作协调、互促互补互融。各级工会要适应社会建设新要求，发挥工会组织作为枢纽型组织的作用，组织和代表职工积极参与加强和创新社会管理，切实维护职工队伍和社会稳定。要配合有关部门，加强对劳动关系领域社会组织的管理，加强对公益类、服务类社会组织的政治引领、示范带动、联系服务；总结一些地方工会与共青团、妇联等群团基层组织共同建立社会组织的经验，通过群团组织合作建立的社会组织，增强群众工作合力；在一些关键领域、重要群体，开展培育孵化工会直接领导的职工服务类社会组织和志愿者队伍试点，促进这类组织的体系和布局合理化；将工会的资源通过项目招标、购买服务等市场化方式，引导社会组织为职工提供专业化的服务，实现工会维权工作的社会化。

八、创建网上工作平台释放强大正能量

习近平总书记在中央党的群团工作会议上指出，工会、共青团、妇联组织要下大气力开展网上工作，亮出群团组织的旗帜，发出我们的声音。

《中共中央关于加强和改进党的群团工作的意见》提出："打造网上网下相互促进、有机融合的群团工作新格局。"《全国总工会改革试点方案》把"创建工会网上工作平台"作为改革试点的重点和亮点推出，既是贯彻落实中央党的群团工作会议精神的重要举措，也是新形势下工会组织服务职工的迫切需要。

当今社会，互联网已成为大众获取资讯、表达诉求和接受服务的重要平台，深刻影响着人们的工作与生活。门户网站及"两微一端"（微博、微信、移动客户端）凭借其便捷性、个性化，已成为许多政府部门、社会组织发布信息、提供服务的重要平台和窗口。随着我国"网络强国"战略向纵深推进，"互联网+"将带来新一轮产业和社会变革。这个大趋势，将使网络成为工会组织服务职工不可或缺的手段和阵地。

近年来，各级工会组织高度重视网络建设与互联网技术应用，在探索运用互联网服务职工方面进行了许多有益尝试，促进了工会工作开展。但与线下工作相比，工会的网上工作还存在着思想认识不到位、顶层设计和系统推进不够、新媒体应用能力不足等问题。

为适应新的形势，推动工会系统网上工作改革，提升网上工作水平，《全国总工会改革试点方案》分两个层面提出了明确要求。一个层面，是打造全国工会系统服务职工网络载体。通过完善门户网站、建立全国统一的工会工作和会员信息基础数据库、开通新媒体、开发实用性强的移动客户端等具体措施，推动网上网下互动融合，实现服务对象全覆盖、服务时间全天候，使职工得到工会更方便、更有效的服务。另一个层面，是借助网上工作平台，开展网上教育引导和舆论宣传。

"工欲善其事，必先利其器"。全总改革试点把"打造全国工会系统服务职工网络载体"作为开展网上工作的首要任务，就是要从"根"上解决平台、手段和载体等问题。完成这一任务，必须提升工会办公网络化自动化水平。要结合"十三五"期间国家政务信息化工程——党的执政能力现代化工程，推进实施《全国工会系统信息化工作规划（2014—2018）》，深入开发工会系统各项业务应用，运用网络手段实现工会业务流程再造，使与职工生产生活相关的就业创业、困难帮扶、法律援助、劳动保护等服务均能够在网上得以实现。

——在组织职工方面，因为有了网络平台和载体，职工入会的方式更加灵活便捷、流程简单优化；工会组织对职工队伍的构成、分布能了解得更及时、掌握得更全面，统计分析工作、工会组建工作将降低人工成本，提高工作效率。

——在维护职工权益方面，工会网络的存在，使职工找到工会组织更容易，表达诉求、寻求帮助的渠道更直接；工会通过网上平台，将更有效地把各级工会的力量组织聚合起来，为维护职工权益提供更及时、更有力的支持。

——在服务职工方面，建立全国统一的工会组织和会员信息基础数据库，对职工的基本情况、各项需求实现信息化管理，工会组织对职工的服务将更加精准，职工会籍接转等长期困扰工会的难题将迎刃而解；通过大数据分析，对职工利益需求走势的把握将更加全面，工会组织为职工提供的各项服务，“普惠性”更易实现。

——在宣传引导方面，随着工会网站的加强和工会新媒体的涌现，工会向职工传递信息的速度将迅速提升。实时性、互动性将有利于加快工会与职工之间信息的传播，工会组织、工会干部与广大职工的交流更加密切、更加通畅。各级工会要形成共识、加强领导，强化网上教育引导和舆论宣传，提高工会干部运用网络尤其是新媒体的能力，做大做强正面思想舆论，弘扬主旋律，释放强大正能量。

九、充分发挥党组的领导核心作用　为工会事业创新发展提供政治保证

《全国总工会改革试点方案》提出，要在党中央坚强有力领导下，充

分发挥全总党组的领导核心作用，认真落实管党治党的责任。这是全总改革试点的一项重要内容，不仅是改革试点顺利成功的政治保证，而且是全面加强工会系统党的建设的重要举措。

在中央和地方国家机关、人民团体、经济组织、文化组织、社会组织和其他组织领导机关中设立党组，是我们党从国情出发创造的一项重要制度，是确保党的理论和路线方针政策得到贯彻落实的重要途径，体现了我们党独特的政治优势、组织优势和制度优势。2015 年 6 月，党中央制定《中国共产党党组工作条例（试行）》，对党组的性质地位、领导体制、工作机制、制度运行等作出全面系统的规定，突出党组在坚定政治立场、维护政治原则、保证政治方向方面的责任，对于加强和改善党的领导，提高党的执政能力，更好发挥党总揽全局、协调各方的领导核心作用，具有十分重要的意义。推进全总改革试点，必须充分发挥全总党组的领导核心作用，贯彻落实《中国共产党党组工作条例（试行）》，把党的领导体现到全总改革试点全过程和工会工作各方面。

发挥全总党组领导核心作用，是保持和增强工会组织政治性、确保全总改革沿着正确方向推进的内在要求。中国工会不仅具有一般工会组织所具有的广泛的群众性，更具有鲜明的政治性和先进性。这是由我国社会主义性质和工人阶级在国家中的领导地位所决定的，是工会组织的灵魂，是第一位的。中国工会始终把自己置于党的领导之下，在政治上始终坚持党的政治路线，坚决贯彻党的意志和主张；在思想上以党的理论武装自己，教育职工，发挥“大学校”的作用；在组织上自觉接受党的领导，在各级工会建立党的组织，发挥党组织的战斗堡垒作用和党员的先锋模范作用。这是中国工会的根本政治原则，是工会事业不断从胜利走向胜利的根本保证。

全总改革试点是全面深化改革的有机组成部分，是党中央交给全总的政治任务，政治性、政策性很强，不仅仅是机构的优化整合，更重要的是思想观念的转变、思维方式的调整、运行机制和工作方式的创新。既事关机关广大党员、干部和职工的切身利益，更事关工会工作开创新局面、再上新台阶。所以，必须充分发挥全总党组的领导核心作用，统一认识和行动，积极稳妥、扎实有序地推进改革试点工作。

一是围绕党和国家工作大局开展工会工作。坚决贯彻落实党中央的决策部署，健全全总党组向党中央请示、报告重要工作的制度，把党的领导落实到广大职工群众中去，生根发芽，落地开花，为夯实党执政的阶级基础和群众基础做贡献。坚持中国特色社会主义群团发展道路，全面把握“六个坚持”的基本要求和“三统一”的基本特征，坚持在大局下思考、在大局下行动，促进改革发展、维护社会稳定，在思想上政治上行动上始终同以习近平同志为核心的党中央保持高度一致。

二是全面落实党建工作责任制。按照全面从严治党、依规治党的要求，推进干部队伍思想政治建设，深化“三严三实”专题教育，引导机关干部把“三严三实”作为修身做人用权律己的基本遵循、干事创业的行为准则，确保各项工作抓实抓细抓出成效。学习贯彻《中国共产党廉洁自律准则》《中国共产党纪律处分条例》，深入推进党风廉政建设和反腐败斗争，综合运用好监督执纪的“四种形态”；制定并落实《全国总工会机关落实党风廉政建设主体责任和监督责任实施意见》，严明党的政治纪律和政治规矩，把纪律和规矩挺在前面，坚持不懈纠正“四风”，密切联系职工群众，把全总机关建设成为学习型、高效型、和谐型机关和真正的“职工之家”。

三是建立与省级党委协调推进工会工作制度。坚持工会受同级党委和上级工会双重领导体制，全总党组主动与省级党委沟通协调，共同研究解决工会工作遇到的问题。依法依章程加强对下级工会的领导，建立全总定期听取省级工会工作汇报和意见建议的制度，形成各级工会之间协同联动、运转有序的机制。

四是加强和改进工会的理论研究工作。紧密结合我国经济关系、劳动关系和职工队伍发展变化的实际，建立定期分析研究经济社会发展新形势、劳动关系变化新特点、职工队伍稳定新情况和国际工会运动新动向的制度，以理论创新推动工会实践创新和制度创新。

（本文曾发表于《中国工运》《工人日报》）

"打通最后一公里"

——深圳市工会"试验区"的工作思路与实践

王同信*

我国的《工会法》与《中国工会章程》开宗明义地指出，工会是党领导下的职工自愿结合的工人阶级的群众组织。这一规定直接而明确地表明了工会的性质：党领导下的工人阶级的群众组织，"群众性"是工会的根本特点和要求。这也就意味着工会既不是行政机关，也不是普通的社会组织。工会的组成主体必须是工人阶级，服务对象必须是职工群众，工作方式应直接面向工人、走到工人当中去、做工人利益的代表。只有这样，工会才能真正成为党联系职工群众的桥梁和纽带。

然而，工会的群众化一直面临如何"打通最后一公里"的困难，中国工会是典型的上大下小，头重脚轻的结构。越往基层，越是需要工人的地方，工会的组织基础越薄弱。一方面，街道等基层工会组织很难找到专职工会干部，没有专门的工会工作力量；另一方面，企业等基层工会组织很多徒有形式，工会工作没有工人参与，很难真正发挥作用。事实上，受到体制机制等因素的制约，中国工会与职工群众之间的联系还没有做到畅通，有不同程度的"肠梗阻"。

无论是中央群团会议精神，还是全总试点改革要求，都对工会的群众化提出了要求，其核心就是"去四化"和做强基层，把更多的资源向

* 王同信，深圳市总工会副主席。

基层倾斜，把更多的精力投入基层一线，努力解决基层基础薄弱问题，不断激发基层工会活力，充分发挥基层工会作用。而要落实中央和全总的要求，就必须在“打通最后一公里”上做文章，下功夫，出成效。虽然只是“一公里”，但“一公里”背后的体制机制问题才是工会改革最核心、最困难、最紧要的。这些问题可以归结为：其一，如何在社区、工业区这一级的工会组织投入资源、加强力量，使重心下移；其二，如何形成一支能够在基层长期工作的专职工会干部，不断提升工会的专业化和职业化水平；其三，如何改变“少数人办工会”的局面，培养工人积极分子，发动社会力量参与，发挥杠杆效应；其四，如何在企业民主建会以及集体协商方面实现制度性突破，让企业工会等基层组织具有更好的代表性和独立性。解决了这些问题，工会才能真正做强基层，才能真正深入群众，成为职工群众可以信任和依赖的知心人、娘家人，建立有效的“桥梁纽带”。

深圳市总工会秉承改革传统，建设“源头治理劳资纠纷试验区”，在下移工会领导体系重心、做实基层工会组织网络、打造职业化工会干部队伍、吸纳工人积极分子、探索群众化的工作方法等方面进行了大胆尝试，形成了一套卓有成效的经验做法，以打通工会工作的“最后一公里”。

一、工会领导体系重心下移

工会是群众组织，不是行政机关，办好源头治理劳资纠纷试验区不能靠“自上而下”行政命令式的运作方式，而是要“一竿子插到底”，直接深入到职工群众中，由市、区、街道三级工会直接抓一批企业的民主建会，抓会员服务，打通与职工群众的联系，把工作做到企业和职工当中。

一是市总工会专门成立了试验区工作领导小组，成员包括市、区、街道三级工会主要领导和市总工会相关业务部门负责人，形成了推进试验区工作的整体合力，做到统一领导、协调配合、步调一致，同时主动向当地党政领导汇报设立试验区的主要目的和主要工作，得到了党政领导和相关部门的高度重视和大力支持，有多个区的党政主要领导要求市总在本区设立试验区。

二是领导小组成员带头转观念转作风，市总领导和相关部门人员每周都要去试验区工作，与试验区党政部门以及工会干部并肩作战。据不完全统计，宝安福永和平试验区与龙华观澜银星试验区成立一年多来，市总领导和相关部门负责同志下试验区 200 多次，亲自主持工作例会、协调各方关系，与职业化工会干部和工人积极分子队伍进行座谈，了解工作开展情况、直面问题和困难并积极地予以解决。既实现了工作作风的转变，更为试验区的工作提供了最为有力的组织保障。

三是集中资源向试验区倾斜。市总工会专门拨付 450 万元作为试验区工作经费，并要求相关区、街道总工会配套资金共同支持试验区开展工作。投入重金进行职工之家建设，使之成为工会工作扎根工人的阵地、服务职工的载体。正如观澜银星试验区职工之家前台背墙所书：“即使漂泊在远方，也要有一个家把心安放”，职工之家已经成为一个工人愿意来、来了不想走、即使走了也会牵挂的地方，成为职工们名副其实的“家”。

四是鼓励支持各区、新区工会根据自身的实际和特点，因地制宜地推动试验区建设。比如，福田区总工会依托“大数据中心”和“综合治理服务中心”，推动构建党政部门与工会“多元共治”机制。宝安区总工会和龙华新区总工会在两个试验区周边设立多个工作站点，把试验区好的经验做法推广到这些站点中，形成“一区多站”的工作格局。

如果说新时期工会改革的重点在于资源下沉、夯实基础，激发职工建设、维护、参与和教育的积极性，实现自下而上的改变，那么实现工会领导体系的重心下沉、资源下沉，则是这一改革的前提，也是确保改革正确方向的保障。

二、打造有情怀的职业化工会工作者队伍

试验区工作成败与否，关键在于能否打造一支专业素质高、有理想有情怀、能走近工人、善做群众工作的职业化工会工作者队伍。深圳市总工会高度重视干部队伍建设，面向全国招聘了17名学历高、素质好、工人情怀深厚的职业化工会工作者，派驻到试验区工会联合会任职履责。

这样的一支职业化工会工作者队伍能否真正发挥作用，夯实工会的群众基础，首要在情怀，其次在能力。试验区一年多来的实践证明，我们的这批干部是有强烈工人情怀的，也是一支高素质、有能力做好群众工作的队伍。比如负责福永和平试验区工作的石文博同志，是清华大学研究生毕业的高才生，在校期间就曾到工地参与对建筑工人的服务。送电影、送文艺进工地，在工地简陋的工棚里为工人上课，丝毫不以名牌大学生的身份自居，在提供服务的同时也加深了对工人群体和社会的了解。强烈的社会责任感也成为促使他响应工会号召，成为一名职业化工会工作者的直接动力。而在观澜银星试验区工作的李长江，则是北京大学的研究生，毕业之后就直接投身到工业区的社区服务中，创办了服务青工的清湖学堂，积累了丰富的工人服务、教育和积极分子培养经验！适逢中央群团工作会议召开，提出要全面加强群团工作，又逢深圳市总工会全力推进试验区建设，以空前力度和资源强化工会基层建设、直接面向工人，便毅然投身工会，将所积累的丰富经验在工会这个更大的平台上得到充分的施展！

更为难得的是，这样的一支高素质职业化工会干部队伍，身上有着浓烈的工人情怀，扎根于工业区，放下身段，将自己也作为职工群众中的普通一员。入职之初，市总统一安排所有的职业化工会干部进到工厂，下到生产线，直接参与到流水线的生产工作中，真正做到了与工人同吃同住同劳动。事实证明，这一开创性的举措是非常有必要的，只有深入到一线，才能亲身体验工人的工作、生活和思想状况，了解他们的真实想法；同时

学会工人语言，知道如何与工人打交道，洗掉自己身上的学生气，换来的是与一线工人诚挚的友情，为接下来开展基层工会工作奠定了思想和方法上的基础。

时间和成效是对这支职业化工会干部队伍最好的检验。在工业区做工人工作，首先面临的是时间上的考验。要想接触工人、走近工人、和工人交朋友，就要在工人休息的时候工作、在工人闲暇的时候忙碌。尤其是周末，更是开展工人工作的黄金时间，而我们工会干部，则必须要在这个时候放弃自己的休息和与家人朋友的团聚。在两个试验区，大部分面向工人的服务活动都要在周末和晚上工人下班之后开展，晚上忙碌到九十点钟是常有的事儿。更为难能可贵的是，这支干部队伍并不以此为苦，而是“忙碌，并快乐着”。这种快乐来自于工作的充实感与成就感。正如观澜银星试验区职业化工会干部朱婷婷所说：“当一个工友过来，说你帮助了他，向你表示感谢的时候，他那种发自内心的谢意，会让我觉得所有的苦和累在那一刻都是值得的。”只有从内心地把工人当成自己的家人，把工会工作当成服务家人的工作，才能取得职工群众的信任，并进而建立工会在工人当中的地位和威信，把工会当成自己的“娘家”。

工会是追求公平正义的事业，从来不乏有人为之奉献与奋斗，只需要在工会工作体制机制上作出变革，营造真正干事创业的平台，就能激发工会积极分子的涌现，并吸引更多的人在工会干部这个岗位上实现自我价值。试验区成立一年来的实践也证明，工会的工作不仅能够吸引到优秀的人才，而且能够留住这些人，为之提供成长成才的广阔舞台！

三、强化工联会核心的基层工会组织建设

工会作为职工的组织化形态和平台，工作扎不扎实、根基是否牢固，归根结底还是要看基层工会组织的建设情况。而无论是普通工人，还是工人积极分子，终归也还是要在基层工会当中组织起来，开展服务、有效维

权。因此，强化基层工会组织建设，是建设“实力工会、有用工会”的基础所在。

而现阶段工会工作的一个突出问题就是基层组织薄弱，“牌子工会”情况较为普遍，民主选举尚未完全落到实处，导致职工对工会不了解、不认可、不参与，或者干脆认为工会就是“老板工会”。这种状况一方面导致基层工会难以有效地发挥作用，在遇到职工诉求时不够“硬气”，在和资方协商时既没有底气、也缺乏技巧；另一方面也造成了工人和工会之间的疏离感，不利于工会团结工人的工作。

深圳市总工会近些年来的实践证明，通过企业工会民主选举，把职工中有能力、有情怀的精英骨干推选到工会主席和委员的岗位，是保证企业工会真正具有代表性，能够发挥凝聚力的关键。深圳市总工会坚持“重点推进、全面覆盖”，在试验区工会组织建设上通过依法推进民主建会，解决好工会如何产生、如何运作的问题。

一是抓一批规模以上企业的民主建会，包括和平试验区的34家和银星试验区的11家企业。工会民主，首在民主选举，只有通过职工民主选举产生的工会主席和委员，才能获得工人的信任。基于此，市总通过“一个主体、四个参与”的工作模式推动民主建会，即：以工会积极分子和工人骨干为主体，广泛动员会员职工参与工会的筹备建立、民主选举、管理运作和开展集体协商。试验区以前所未有的力度直接指导了日立金融、福永理光、富士施乐等一批重点企业完成换届改选，树立了典范。以宝安和平试验区为例，5家重点企业的换届选举中，涉及职工11198人，会员8237人，会员参与率达95%以上；日立金融工会的换届，历时四个月，共举行各种筹备会议、会员代表会议、选举会议16次，99%的员工参与了工会选举。通过民主选举，一方面提高了职工对于工会的认知程度，另一方面也为工会规范化运作奠定了组织基础。

二是在小微企业，通过建立工会小组的方式进行覆盖。试验区成立以来，针对区内小微企业密集、企业规模较小的情况，先后成立了近80个工会小组。工会小组能否正常运转，关键在于是否能够积极主动地发挥作用。试验区工会小组成立之后，负责监督小微企业执行劳动法律法规，及时发现问题并与有关部门沟通，做到职工维权有人管，小问题可以及早发现，大问题不激化、不出社区。同时，以工会小组为基础的企业劳动监督工作与当地劳动社保部门预警系统联网，相比较以往依靠业主监督企业的做法，有效提高了劳资纠纷和违法事件的预警能力。劳动社保部门说，这才是工会要干的事情。

试验区一方面加强企业基层工会的民主建会，另一方面则在社区和园区层面成立相对独立的工联会，以改变现有的工会体系“上大下小、头重脚轻”的情况，使工会的各项工作能够落到实处。基于此，市总工会把试验区工会联合会的改造，作为改革工会组织体系，夯实基层基础的重要一环。一是相对独立的组织形式。试验区工联会改变了过去依附于社区党支部和工作站的状况，直接接受上级工会的领导，独立开展工作，指导服务企业工会，培育企业工会干部和工会积极分子，大大加强了工会的基层组织力量。二是真正落实联合制、代表制。由具有代表性的重点企业工会主席担任工联会副主席，并承担实体性工作，使工联会成为企业基层工会联合的组织。三是工联会以“职工之家”为阵地，以群众化的工作方法，围绕职工群众开展工作，并以此为平台，统合各种社会组织为职工提供精细化服务。四是以一批职业化工会干部作为骨干，壮大基层工会工作者力量。从 年多来的工作实践看，在工业社区建立一个相对独立的工会联合会，已经成为联系上下的枢纽和落实各项工作的支点，这是市总工会组织体系中一个非常必要的改革措施。

四、创新群众化工会工作方法

工会工作要想做好，就必须改变过去那种机关化、行政化、命令式的工作方法，而要探索一种群众化的工作机制和方法。试验区成立一年来，在这方面做了大量的探索，在坚持正确政治方向的前提下，不拘一格，直面问题，创新思路，革新方法，经过一年多的不懈探索，可以说已经初步建立了一整套群众工作方法。

欲成其事，先利其器。试验区成立之初，由市总领导亲自带队，职业化工作干部队伍走进工厂、走近工人，开展调查，调研企业50多家，发放调研问卷1000多份、个案访谈数十个，初步掌握了试验区内企业工会运作、工人劳动权益保障、工作生活状况等基本情况，坚持需求导向，为有针对性的开展工作奠定了基础。

欲做先生，先做学生。职业化工会干部有的是刚毕业的大学生，有的以前从事企业工作，虽然有满腔的热情，但毕竟缺乏经验。如何与工人打交道、如何开展工会服务、如何推进企业基层工会的工作，对这些问题可以说是并无太多先例可供借鉴，大有“筚路蓝缕，以启山林”之感。正是在这种艰难的局面之下，市总、区总、街道总工会与职业化工会干部一道，放下身段，摆正心态，走到职工群众当中，与他们耐心相处、倾心相交，学习他们的语言，了解他们的生活习惯，虚心做起“学生”。实践证明，只有这样做，才能将工会的群众工作落到实处，工人才能接纳我们的工会干部，才愿意和这些“洋气”的大学生、曾经的白领们成为朋友，并最终走近工会。将心比心，工会干部以身作则，是创新工会工作机制方法的前提与核心。

做到了这几点，试验区的工作就有了立足点、有了着落、有了最坚实的依靠力量。接下来要面临的就是我们的工作如何开展，如何壮大工会的会员队伍。在这方面，工联会以工人积极分子队伍的发掘与培养为中心设计活动、开展工作。一方面，利用职工之家的平台积极开展多样化的职工服务，比如开展圆梦计划、为职工再学习和素质提升提供平台；另一方面，围绕职工业余生活，大力发展职工俱乐部，搭建兴趣连接平台。截至目前，福永和平试验区与观澜银星试验区工联会共计开展活动500余节次，服务职工超过7万人次，组建职工俱乐部/兴趣小组近50个。同时在福永和平试验区，共有来自47家企业的97名职工报名参加“圆梦计划”，其中考上本科31人，大专66人。

而与上述职工服务同步开展的，则是工人积极分子队伍的培养。夯实工会的群众基础，工人积极分子队伍是关键，是工人在工会里面组织起来的骨架和有效运作的基础，这就必然要求工联会的活动要精心设计、全程投入，实行精细化运作，在这个过程中发掘一批有热情、有能力的工人积极分子队伍。对于这支队伍，要投入更多的精力进行耐心的培养，一方面要加强工会意识、团队精神和活动能力的培养，另一方面要在实践中锻炼成长，为其提供自我管理的平台。比如在福永和平试验区，已经建立了600多人的工人积极分子队伍，并且在这支队伍内部设立不同的部门，建立了“职业化工会干部队伍指导、工人积极分子自主管理、广大职工广泛参与”、多层次、规范化运作的工作机制，有效了扩大了工会的群众基础。

时代在变化，广大职工的生活习惯、思维方式也都在变化，工会工作要做到实处，就要能够积极有效地应对这种变化。试验区的工作之所以能够在短短一年多的时间内取得明显的成效，关键的一点就在于重心下移，在于“一竿子插到底”——市总、区总和街道总工会的干部亲自参与，在于工联会和我们的职业化工会干部直接面向企业和一线工人，在此基础上探索为职工群众尤其是年轻工人所乐于接受的活动方式方法，最终将工人吸引过来，使其凝聚在工会的旗帜之下。

五、塑造“互联网+”工会宣传新形态

当今社会是一个信息化的社会，互联网已经深入到政府、企业、各类组织和人们的日常生活当中，而人们对于网络的使用已经达到非常高的依赖程度。在这种形势下，工会工作也应积极作为，把互联网的优势运用到工会试验区、工会组织建设、职工维权和服务职工等工会重点工作当中，形成线上线下的双层互动。

面对这一新趋势，深圳市总工会积极推进“一中心两平台”建设，

即：建立市总工会信息中心、改版《深圳工运》、推出“深圳工会”微信公众号。2015年3月，市总工会官方微信“深圳工会”上线，打造集“工会资讯发布”“指尖上的职工之家”“工会工作掌上宝典”三大功能为一体的新媒体平台，成为职工了解工会、参与工会和工会干部深入职工、服务职工的桥梁。

如果说建立公众微信平台尚不能算开先河的开创之举，那么当你打开“深圳工会”微信公众号，从板块设计到内容编排，一定会给人耳目一新的感觉：原来微信公众号还可以这么做啊！以广受欢迎的“小明务工记”为例，这一栏目的名称本身就给人十足的“草根感”，对于千千万万的职工来说，“工作”不就是“务工”吗？一字之差的微妙，从一个微小的侧面说明了这一微信公众号的定位——直接面向广大的普通劳动者和一线工人。而“小明务工记”的内容，则是直接面向工人的实用法律，这本无特别之处，而创新之处在于其内容安排和特别的形式。一般的普法宣传多流于枯燥的法条，最多配上一些对这些法条的解读，这种做法的缺点显而易见：较为枯燥，尤其是对于普通工人来说理解起来尚且困难，更不用说能够深入脑海了。而“小明务工记”则大胆创新，一方面其标题和内容编排坚持问题导向，以工人面临的现实问题为切入点，再引入相关的法律法规，具有极强的针对性，其效果是通常“文本/法条”导向的普法宣传所不能比拟的；另一方面，减少文字，内容采用大量的漫画，以“小明”这一虚构人物为中心，通过图片对话的方式来解答其所面临的问题。这一做法看似简单，其实不然，因为在这个信息爆炸、人们对于信息采用快餐式消费的时代，过去那种“以文字为主、长篇大论”的做法已经不能适应广大职工的阅读习惯，短小精悍、直奔主题、图文并重的方式，则正好契合了广大职工尤其年轻工人的阅读习惯，只有这样才能使工会微信公众号真正成为面向工人的平台，发挥实效。

这种坚持“内容上多干货、形式上多创新”的做法，迅速地扩大了“深圳工会”微信公众平台的影响力，上线一年来，用户总数达9万多人，各类微活动参与人数达56万人次，获得“全国十佳创意设计工会新媒体”称号并位居第1名，同时入选全国最有影响力工会新媒体前20强。

这些成就的取得，背后是工作思路的转变。微信公众平台是深圳工会的一个窗口，是扩大工会影响力和覆盖面、建立互联网话语权的重要举措。工会工作要就实避虚，一方面要统筹规划，另一方面需要在具体内容、在细节上下功夫，最终才能形成品牌的力量。功夫下到底上、成效才能体现在面上。

总结起来，深圳市总“互联网+工会”的思路重在三个方面：一是坚持原创性。以原创性作品作为立足之本，从主题策划、内容生产、运营推广等方面探索创新。创作源于生活，信息中心的工作人员长期深入基层，扎根于工会各项工作和活动的实践，获得鲜活的创作源泉，用镜头和笔端表达职工群众工作生活的点点滴滴。在去年400多份推送稿件中，原创稿件占比超90%。二是追求精品。把工作标准放在高位，提升策划意识，注重品牌概念，推送出一系列主题鲜明、辨识度高、系统性强的作品。比如，工会推出“一张图读懂工会”的系列，对工会知识进行深入浅出的图解；又如，“小明务工记”“静静有问题”等栏目，用漫画的形式与职工互动对话，为职工答疑解难。标准放在高位，内容接近地气，用职工群众喜闻乐见的方式、年轻工人乐于接受的方式来进行创作，打通线上工作的“最后一公路”。三是突出深圳工会特色。在深圳乃至广东，职工维权工作任务很重。市总工会立足微信的特点和传播规律，紧贴新闻热点，采用接地气、暖人心等有效方式发出职工声音，表明工会立场。如去年8月，市总工会通过线上问卷和线下随机采访相结合的方式，开展“深圳职工高温津贴调查”，并通过“深圳工会”微信公众号，将调查结果以及工会组织的立场传递出去。由于高温补贴的发放涉及广大职工群众的切身利益，也高度契合新闻媒体热点，很快被中央、省、市多家新闻媒体和门户网站转载，由此引发社会各方对职工劳动保护和职业健康问题的深度关注，同时也赢得了职工群众的心，“这才是为咱们工人说话啊”。这种宣传和工作效果，是传统工会工作方式无法比拟的。

工作好不好，归根结底还是要由职工群众说了算，始终坚持服务的群众导向。无论是发布工会资讯，还是进行热点新闻调查，或是开展微活动，都紧紧围绕职工群众所需所急所盼，直面工会工作存在的普遍性问题，不绕圈子，不忽悠职工，为职工群众提供贴心对路的服务，同时引导职工依法理性维权，真正达到舆论引导、宣传教育、精准服务的效果。广大工友“粉丝”们纷纷跟帖点赞。有的说，原以为“深圳工会”就是流于形式、走走过场的官方微信，但接触之后才发现，“里面都是干货，真的是站在百万务工人员角度想问题办事情”；还有的说，“深圳工会”就像自己的老朋友一样，每晚下班之后一定会打开手机看看里面的新消息。

除了重视网上阵地打造，深圳“互联网＋工会”还致力于实现线上线下的双层互动。如去年中秋节期间，市总工会精心策划了以“深圳工会·一起过中秋”为主题的微活动，邀请3000名农民工及其子女前往深圳著名景区游园。票务的发放，有一部分是按照传统的做法，通过基层工会分发，而其他更多的部分是通过网络在线登记、随机抽选、实名发放的方式进行。在此过程中，市总三个试验区充分发挥了一线阵地的作用。如福永和平试验区，参加过此次游园活动的工友返回所在工厂社区之后，积极参与工联会职工之家举办的各项活动和工作，其中不少成为工会的积极分子，打通了线上线下两层工作，真正实现了“线上工作服务线下”的功能。

互联网思维的运用，本质上是工会工作在空间上的延伸、是在虚拟空间同时建立工会的工作阵地。虽然和试验区线下工作截然不同，但从其思路和实践来看，都是在坚持正确导向的同时创新思维和群众化的工作方法，方才取得今日之效！

六、突出工会维权主业

要破除工会工作中存在的“四化”倾向，就要突出工会主业——维护职工合法权益。工会基层组织薄弱的一个表现，就是在职工维权方面不作为、难作为，难以有效地维护职工合法权益，而仅仅满足于发发福利、搞搞活动。这一方面使工会疏离了工人，不利于通过工会建立党和职工群众之间的血肉联系；另一方面也为国外敌对势力的渗透提供了可乘之机。开展职工服务固然重要，但因此不重视维护职工合法权益，却有本末倒置之嫌。而无论是发展工人积极分子队伍，还是夯实基层工会组织基础，其落脚点最终也是服务职工、维护职工合法权益。

依托社区工联会，深圳市工会在维护职工合法权益方面进行了大量有益的探索。一是开展聚力计划。劳动关系不仅是劳动与资本的相互依存关系，更是人与人相互认同、相互依赖的关系，需要充分而有效的沟通、对话，而沟通和对话的前提是规则和方法。对企业来说无规则就无秩序，对员工来说无规则则诉求难以达成，造成两败俱伤的情况，不利于和谐劳资关系的建立。由此出发，深圳市总工会经过探讨与研究，开发了“聚力计划”并在试验区推行。“聚力计划”重点体现的是劳资平等协商的理念，纠正了工会过去大而化之的集体协商工作状态，直接作用于企业劳动关系本身，以明确的规则和有效的方法提升劳资对话的沟通能力。这个计划源于德国劳资协商六步法，具有很强的实践性和实效性。深圳市总工会投入73.8万元专项资金，通过互动式集中研讨、企业现场培训和集体协商实务分析等方式，用四个月的时间对试验区内18家企业行政高管、工会主席、工人代表共计108人进行系统培训。在集中培训中，企业管理层反映最为强烈，他们原以为又是一次党委政府部门动员式的培训，意义不大，而参加培训后发现，“聚力计划”针对性很强，方法科学，普遍反映大有收获。而36名普通工人，非常难得地被上级工会邀请住在酒店里集中学习，不仅有机会和管理层一起探讨问题，而更关键的是学会了一套方法来归纳整理自己的意见，在理性的沟通对话中实现自己的利益诉求，这让他们非常兴奋，同时也感觉到了作为工人代表的责任。参加聚力计划、来自日立金融的银青海是一名工会代表，谈到参加聚力计划的影响时他说道：“自从参加‘聚力计划’，我学到了工会的很多知识，明白了会员、代表、工会之间的沟通和交流，对于解决现实生活中的问题是非常重要的……在这一系列感触中，我知道，企业的发展离不开劳资双方，企业管理制度的制定，也应该得到员工的参与。”由此可见，聚力计划的开展，无论是对企业管理层、工会主席还是普通的会员代表，都是一次重要的体验式学习之旅。

二是加强联动，检查企业遵守相关劳动法律法规的情况，进行劳资纠纷隐患排查。春节前，两个试验区工会联合劳动社保部门，针对企业社保缴纳、工资支付及用工情况，对 48 家重点企业进行了检查，发现企业普遍存在社保缴交不足额、不齐全，一些小微企业不缴社保的问题，及时向劳动社保部门发出检查建议书，依法维护广大职工合法权益。除此之外，试验区还建立了劳资纠纷预警机制，通过与重点企业工会、工人积极分子加强沟通，与政府劳动和社保部门加强信息沟通，及时发现潜在的劳资纠纷触发点，提早知晓、及时应对，使劳资纠纷解决在萌芽状态。

三是在职工之家设立律师驻点服务。市总通过招标，在两个试验区分别设立驻点律师，每周固定时间由中标律师事务所派出专业律师，面向一线职工提供法律咨询服务，有效改变了过去职工有诉求求助无门的情况，在家门口就能接受到高质量的法律服务，对那些有仲裁诉求需求的职工还联系提供法律援助服务，有效提升了工会服务的法治化水平。

深圳市总工会源头治理劳资纠纷试验区工作从准备到实施，取得了阶段性的成果。实践证明市总工会办试验区的决策是对的，方向和路子也是对的，这让我们倍感振奋。当然，市总工会试验区还处在初创阶段，我们深感任重道远。试验区一年多来的运行，在队伍建设、机制创新、加强基层、互联网思维运用等方面积累了宝贵的经验。下一步，市总工会将在改革创新上下大功夫，抓好一批重点企业的工会建设，让它们成为有用有实力的工会，要继续大力推进“聚力”计划，并把积极分子队伍的建设摆在重要议事日程上，同时加强各项服务职工的工作。市总工会要通过建设源头治理劳资纠纷试验区，真正落实习总书记的要求，使工会得到广大职工的认同，为构建和谐劳动关系发挥不可替代的作用。

工会领导机关推进改革的着力点

黄俊玉*

中央党的群团工作会议为工会组织和工会工作改革创新指明了前进方向、注入了强大动力。各地工会以增“三性”、去“四化”、强基层、促创新为重点，全力推进改革工作。特别是把做强基层组织、增强基层活力作为改革创新的关键、全力攻克的难点，大胆探索眼睛向下、力量下沉、重心下移的有效途径，使更多的资源向基层倾斜、更多的精力投入到基层一线。工会领导机关实现眼睛向下、重心下移、力量下沉的途径有很多，但从领导机关的职责定位来讲，应着力在三个方面下功夫。

一、眼睛向下——在深入调查研究上下功夫

调查研究是工会领导机关的一项基础性工作，是履行好指导服务基层工会这一主要职责的前提，因此，应该成为“眼睛向下”的首要着力点。当前，各地工会领导机关的调查研究工作还存在很多不足，主要表现在：有的领导干部对调查研究工作缺乏足够的重视，没有把调查研究摆到应有位置；不少调查研究只是为调研而调研，到基层组织走马观花、浮光掠影；调研报告束之高阁，不重视调研成果的转化；缺乏科学有效的激励机制，没有充分调动各级工会干部的积极性、能动性。针对这些问题，工会

* 黄俊玉，青海省总工会研究室主任。

领导机关应“眼睛向下”做好调查研究。

首先，要确立调查研究在工会领导机关的重要地位。全国总工会印发的《关于加强调查研究和理论研究的意见》（以下简称《意见》）特别明确了这一点：“调查研究与理论研究是工会一项重要的基础性工作，是做好领导工作的一项基本功。”“加强调查研究与理论研究，是强化理论武装、坚持和拓展中国特色社会主义工会发展道路的必然要求，是工会围绕中心服务大局、更好地履职尽责的现实需要，是锐意改革创新、提升工会工作水平的重要保证。”笔者认为，调查研究应该作为工会领导机关的生命线，因为没有调查，就没有发言权。没有调查研究，工会领导机关就无法履行职责，无法为基层提供及时有效的指导服务。群众路线是党的工作的生命线，也是工会工作的生命线，调查研究是践行群众路线的最主要的途径。从这个角度讲，调查研究就是工会工作的生命线。《意见》提出：“把调查研究贯穿于决策的全过程，真正成为决策的必经程序。”笔者认为，这是确立调查研究重要地位的有力举措，工会领导机关的重大决策、涉及工会工作全局、涉及职工群众切身利益的重要事项，就应该做到“不调研不决策，先调研后决策”。只有这样，工会工作才能更接地气、更有针对性，才能受到基层工会和职工群众的欢迎。

其次，强化做好调查研究的责任意识。在有些工会领导机关，调查研究不被重视，除了工会干部的思想认识不到位之外，还有一个重要原因，就是缺乏开展调查研究的责任意识。因此，在确立“不调研不决策，先调研后决策”，把调研作为领导机关决策的必经程序的同时，还应强化工会领导机关干部重视调研、抓好调研的责任意识。要把深入基层开展调查研究列入工会领导机关的重要议事日程，严格规定凡机关干部一年内必须完成或参与完成1个以上重点调研课题，没有参与调研课题或完不成调研课题任务，年终考核不得评为合格等级。为深入扎实地开展调查研究，保证调查研究的质量，应鼓励和提倡机关干部深入基层蹲点调研，全面准确了解基层工会实情，真切系统掌握职工群众诉求。

最后，重视调查研究的成果转化和表彰激励。不少调查研究花费了大量人力、财力和物力，也形成了高质量的调研成果，但往往忽视了调研成果的转化，调研报告束之高阁，万事大吉。不仅造成了资源的极大浪费，也挫伤了参与调研干部的积极性。为此，应重视建立重点调研课题成果评估结题制度，每完成一项重点调研课题，课题组都要将调研报告提交评审会议进行评估，对其取得的成果进行深入分析，给予准确评价，并及时形成工作指导意见，应用于工作实践。同时，进一步完善调查研究表彰奖励制度，对优秀调研报告定期予以表彰，充分调动工会干部开展调研的积极性。

二、重心下移——在做好指导服务上下功夫

工会领导机关“重心下移”，其实质是回归本位——把主要精力集中在指导服务基层工会的工作上。在工会组织和工会工作中存在的“四化”现象中，领导机关的“机关化、行政化”尤为突出，工作重心没有完全放到基层，往往在机关这个圈子里封闭运行、自我循环，部署工作与基层实际结合不紧密，指导服务与基层需求相脱节。从工会组织自身这个角度分析，基层工会活力不强、发挥作用不理想，主要原因在于工会领导机关指导服务的缺位与滞后。“重心下移”应在完善机制、提升保障等方面持续发力。

完善机关干部联系点制度。工会组织最大的危险就是脱离职工群众，健全完善工会领导机关直接联系职工群众和基层联系点制度，是“重心下移”的重要保障。机关领导干部应带头联点，每个领导干部至少联系 2 个县级工会、3 个企业工会；一般干部分组联点，每组干部至少联系 3 个县级工会、4 个企业工会。每年深入每个基层联系点指导工作不少于 3 次，每年到基层联系服务职工群众不少于 60 天。同时，还应建立机关干部深入基层联系点工作成效评价制度，保证联点工作常态化、有实效。

加大工会经费向基层的倾斜力度。工会经费不足是基层工会反映最为强烈的一个突出问题，也是工会领导机关“重心下移”应重点解决的问题。首先，要做好调查研究，根据本地区的实际调整完善工会经费留成体系。要严格落实全总《关于加大对乡镇（街道）、开发区（工业园区）工会和基层工会经费支持力度的若干规定》，基层工会的经费分成比例一律调整为60%，同时解决乡镇（街道）、开发区（工业园区）工会的经费分成和专项补助。其次，全面推行企业工会经费由税务代收制度，实现无遗漏、无死角；切实落实财政拨款的行政事业单位工会经费列入同级财政预算，由财政部门依法足额及时统一划拨到同级地方总工会的规定，保证基层工会有稳定的经费来源。最后，进一步加大上级工会对基层工会的经费补助力度，按照权随责走、费随事转的原则，通过转移支付、项目化管理等方式，大幅度向基层倾斜，直接用于服务职工群众。

建立鼓励基层大胆创新的有效机制。工会领导机关“重心下移”，不仅体现在人力、财力的“下移”，还应体现在工作方式的改进上。应着力避免统得过死、管得过多，要为基层工会开展工作留下充足的空间和余地，创造宽松的条件。要改变主要依靠会议安排工作、通过文件下达任务、根据台账检验成绩的做法。多一些指导性意见、少一些指令性任务，多一些沟通协调、少一些考核达标。工会领导机关应该把着眼点放在如何创造条件，让基层工会按照工会章程独立自主创造性地开展工作上。要建立健全基层工会工作创新表彰奖励机制，定期评选基层工会工作创新成果。设立工会工作创新项目补助专项资金，用于鼓励基层大胆创新、勇于实践。要着力总结基层工作经验，强化典型引路，培育和发现先进典型，树立有特色有亮点的基层工作品牌。

三、力量下沉——在加强基层干部队伍上下功夫

基层工会干部直接面对职工群众、直接服务职工群众，处在代表和维

护职工合法权益的最前沿，承担着大量具体而繁重的工会工作，这支队伍的力量强弱决定着工会组织的号召力、凝聚力和影响力。近年来，工作力量不足是基层工会反映最为强烈的另一个突出问题，工会领导机关“力量下沉”，就要在加强基层工会干部队伍上下功夫，既要实现量的增长，还要注重质的提升。笔者认为，实现“力量下沉”应多途径、抓精准、优待遇。

多途径：选优配强基层工会干部。基层工会力量不足主要在县级以下，尤其在“小三级”工会。解决这一问题，应特别关注两个关键点：一是选优配强工会主席。无论哪一级工会，工会主席是核心，是基层工会增强活力、发挥作用的关键。在基层工会主席的选配上，应充分尊重职工群众的主体地位，坚持群众推荐与组织推荐相结合，自下而上与自上而下相衔接，鼓励基层通过直选，真正把政治素质硬、群众基础好、工作能力强的干部选为工会主席。二是通过多种途径加强基层工作力量。应坚持工会领导机关“减上补下”与同级行政调整充实相结合、上级工会下派挂职与培育发展工会志愿者相结合、发展社会化工会干部与购买社会服务相结合，建立专兼挂相结合、志愿者为补充的基层干部队伍。

抓精准：着力提升基层工会干部能力。基层工会基础薄弱、活力不强，工会干部素质不高、能力不够是一个重要制约因素。加强对基层工会干部的培训是工会领导机关指导基层服务基层的重要形式，也是“力量下沉”的重要渠道。多年来，各级工会领导机关对基层工会干部的培训给予了足够的重视，想了不少办法，做了大量工作，但是，实际效果不尽如人意。分析原因，应该是多方面的，既有培训形式不灵活问题，也有培训内容不新颖的问题。而其中最主要的问题，还是精准上有差距。很多培训，无论是课程的设置，还是课件的准备，均缺乏调查研究做支撑，与基层实际相脱节，没有摸准基层工会干部的脉搏，没有针对基层工作中存在的实际问题，是单向思维，一厢情愿地开展培训。工会领导机关的对基层工会干部的培训，既要讲求灵活多样的形式，运用多媒体、互联网，采用互动式、体验式等行之有效的方法，更要把功夫下在培训前的调查研究上，根据基层工会工作中存在的实际问题和工会干部自身的现实状况，组织开展培训，着力增强培训的针对性、实效性。

优待遇：注重增强基层工会干部的职业自豪感。工会领导机关“力量下沉”，一个不容忽视的重要方面，要注重增强基层工会干部的职业自豪感。现在，基层工会干部群体主要由三种类型组成：一类是极少数的编制内专职工会干部，一类是已有相当规模的社会化工会工作者，一类是占绝大多数的兼职工会干部。三类干部存在的共性问题，就是职业自豪感不足，具体表现是工作主动性不强、人员流动性过大，相当部分的专职干部得过且过、兼职干部被动应付、社会化工作者能走就走。工会改革实现“力量下沉”，必须在改善基层工会干部特别是社会化工会工作者和兼职工会干部的待遇上舍得投入，让基层工会干部有体面的工资福利待遇，有与其劳动付出相匹配的津贴补贴，有可预期的职业发展空间，只有这样，基层工会干部才有动力去做工作、才有恒心做好工作。

学习贯彻中央党的群团工作会议精神
积极稳妥地推进工会改革

王　政*

习近平总书记强调，改革开放是当代中国最鲜明的特色，也是我们党最鲜明的旗帜。必须坚定改革信心，以更大的政治勇气和智慧、更有力的措施和办法推进改革。同样，工运事业发展的根本出路也在于改革，思想僵化、故步自封必将被时代所淘汰。

2015 年 11 月，中央批准了全总和上海市、重庆市的群团改革试点方案。之后，又陆续批准印发了团中央、全国妇联等改革方案。2016 年 8 月初，中央改革办下发了《关于推进地方党的群团改革工作的通知》，要求各省（区、市）2016 年年底前出台省级群团改革方案。深入学习贯彻中央党的群团工作会议精神，积极稳妥地推进工会改革，是当前各级工会一项重要的政治任务，更是做好新形势下工会工作的关键一招。

一、推进工会改革，重在把正前进方向、保持增强“三性”

改革最终是为了什么、要取得什么样的整体效果，是首先要回答的问题。只有回答清楚这个问题，才能够统一思想意志，把正前进方向，凝聚起推进改革的强大合力。对于工会改革来说，也是如此。

---

* 王政，山东省总工会政策研究室主任。

明确工会改革的目标，笔者认为，有两个方面是至关重要的：一个是道路问题，一个是“三性”要求。

一方面，应通过工会改革，坚持和拓展中国特色社会主义工会发展道路。习近平总书记强调，“做好党的群团工作，必须毫不动摇坚持中国特色社会主义群团发展道路”。具体到工会，他要求各级工会组织和广大工会干部要坚定不移走中国特色社会主义工会发展道路。道路决定方向，道路关乎命脉。把坚持和拓展中国特色社会主义工会发展道路确立为工会改革的目标，有利于把正改革方向，确保工会改革在正确道路上顺利推进；有利于增强政治定力，确保工会改革在根本性问题上不会出现颠覆性错误。我们应紧紧围绕坚持和拓展中国特色社会主义工会发展道路这一目标，科学谋划、统筹推进工会改革，更好地发挥职能优势、激发内生动力。

另一方面，应通过工会改革，保持和增强政治性、先进性、群众性。中央对群团组织和群团工作提出这“三性”要求，既是做好新形势下工会工作的行动指南，也是推进工会改革的根本遵循。把保持和增强政治性、先进性、群众性，确立为工会改革的目标，既是贯彻中央指示精神的必然要求，也是推进工会改革发展的内在需要。保持和增强政治性，核心是坚持党的领导，工会无论怎么改，在这一点上都不能有丝毫含糊、不能有丝毫动摇，不仅改革应在党的统一领导下推进，并且要通过改革，进一步加强和完善党对工会工作的领导，为更好地承担起引导职工群众听党话、跟党走的政治任务提供坚强保证。保持和增强先进性，关键是通过改革，进一步增强工会组织对职工群众的吸引力、凝聚力、号召力，进一步动员组织广大职工群众走在时代前列，真正成为党执政的坚实依靠力量、强大支持力量、深厚社会基础。保持和增强群众性，重点是通过改革，切实去除“机关化、行政化、贵族化、娱乐化”，增强职工群众的广泛性和代表性，使工会真正根植于职工群众之中，从根本上化解脱离职工群众的风险，始终保持同职工群众的血肉联系。

二、推进工会改革，重在突出主体主业、夯实基层基础

习近平总书记强调，“工会工作只能加强，不能削弱；只能改进提高，不能停滞不前”。加强、改进、提高，应当成为工会改革的总基调。通过改革，努力实现“四个强化”。

强化职工主体地位。工会是职工自愿结合的工人阶级群众组织。脱离职工群众，工会必将失去生存发展的土壤，这也是工会面临的最大危险。习近平总书记指出，“四化”现象的实质就是脱离群众。工会改革，如果不触及这一关键要害，不化解这一最大危险，就难以实现预期目标。因此，要通过改革，切实强化职工主体地位，模范地践行党的群众路线，切实打破工会工作内部循环、封闭运行的现状，切实做到紧密联系职工、充分依靠职工、真诚服务职工，切实增强工会组织对职工群众的动员力、号召力、凝聚力，切实解决好代表谁、联系谁、服务谁的问题。

强化工会主责主业。习近平总书记强调，“群团组织不论职能如何拓展，基本定位要守住不放，不要种了别人的地、荒了自己的田”。对于工会来说，主责主业不突出的问题比较突出，这与中央的要求、改革的方向是不相符的。要通过改革，切实承担起引导职工群众听党话、跟党走的政治任务，切实把维权服务的大旗牢牢掌握在我们手中，进一步完善工作机制、创新工作载体，整合内外资源、加强上下协同，做强主责主业，在服务党政工作大局中彰显工会作为，用扎扎实实的工作成效赢得职工群众的信赖和拥护。

强化基层工会建设。基层工会处在联系服务职工的第一线，是工会全部工作的基础和关键。目前，在基层工会建设方面，既存在覆盖不到、覆盖不全的问题，也存在着基础薄弱、活力不足的问题。要通过改革，更好地适应职工群众流动和分布变化，调整完善工会组织设置，健全条块结合、全面覆盖的工会组织体系；更好地适应基层工作和职工群众工作需

要，改进机关的机构设置、管理模式、运行机制，减少中间层次，做到重心下移，把更多资源向基层倾斜，更多力量向基层汇聚，切实解决基层工会面临的困难和问题，使基层工会真正成为坚强有力的战斗队、工作队。

强化干部队伍建设。加强、改进、提高工会工作，需要一支高素质工会干部队伍作支撑。面对中央、省委提出的新要求，面对职工群众的新期待，面对日益繁重的新任务，工会干部队伍建设还存在许多不适应。要通过改革，进一步提升各级工会领导班子和干部队伍建设水平。采取“专兼挂”相结合的方式，探索实行专职干部遴选制，加强双向交流，优化干部结构，增强专业力量。通过调整充实县级工会编制，选聘社会化工作者、志愿者等方式，进一步加强县、乡两级工会工作力量。进一步加强和改进干部教育培训工作，不断提高各级工会干部开展职工群众工作的能力和水平。

三、推进工会改革，重在健全制度机制、创新方式方法

制度更带有根本性、全局性、稳定性、长期性。科学的方式方法能够起到事半功倍的效果。推进工会改革，解决工会工作中存在的许多深层次问题，必须从健全制度机制上下功夫，必须从创新方式方法上下功夫。

进一步体现群众化特点。工会工作说到底，就是为党做职工群众工作。职工群众是工会工作的对象，更是我们的力量源泉。因此，应始终坚持以职工需求为导向，将开展需求调查作为工会履职尽责的必经程序，不断增强工作决策、项目实施的针对性和有效性，真正实现以职工为中心、让职工唱主角、靠职工谋发展；进一步健全以职工知晓度、参与度、满意度为重点的工作评价机制，把工作评判权交到职工群众手里，探索委托第三方开展职工满意度测评，并切实加强评价结果运用；进一步健全工会干部联系基层、服务职工长效机制，与职工群众零距离接触，为职工群众提供全天候服务。

进一步拓展社会化路径。工会"单打独斗"，必然受到资源不足、手段单一、空间狭窄等因素的制约，必然影响到工会工作的效果。因此，工会改革应在已有工作的基础上，着重从三个层面，进一步拓展工会工作社会化路径：探索建立可负责、可问责的职能转接机制，积极承接政府转移的有关社会治理服务功能；探索建立工会购买社会服务机制，通过委托、招标、购买服务等方式，将一些职工服务类事务委托给专业机构、社会组织承担；探索联系引导劳动关系领域社会组织机制，探索引领社会组织服务职工的工作模式，接长手臂、形成链条、扩大影响，努力提升服务职工工作的社会化水平。

进一步顺应网络化趋势。当前，互联网已经渗透到经济社会生活的各个方面，成为工作生活不可或缺的一部分。工会改革必须顺应这种发展趋势，大力实施工会"互联网+"行动计划。建设工会网上平台，加快工会网站、微博、微信、APP 客户端等新媒体建设，不断将工会工作拓展到网上；丰富网上服务功能，将办公传送、政策咨询、会员管理、需求调查、宣传教育、维权服务、工作评价等纳入其中，形成网上网下相互促进、有机融合的工作新格局；下大力气培育一批懂网络、知工会、有权威的职工网络意见领袖，发出正面声音，加强舆论引导。

进一步提升法治化水平。在全面依法治国的大背景下，工会必须树立法治思维，增强法治观念，依法建会、依法管会、依法履职、依法维权。要通过改革，进 步加强源头参与立法工作，推动健全完善劳动法律法规体系，为工会全面履行职责、协调劳动关系提供坚强法律保障；进一步健全工会劳动法律监督意见书、建议书制度和重大典型劳动违法案件曝光制度、公开谴责制度，用好用足法律赋予工会的劳动法律监督权利；进一步加强职工维权律师服务团建设，不断扩大工会法律援助覆盖面，确保权益受到侵害的职工及时得到工会的法律援助服务。

进一步加强协同化运作。群团组织之间工作内容交叉重叠、相互通气协作不够，势必造成资源浪费、群众无所适从。要通过改革，建立并落实群团组织联席会议制度，加强工会与其他群团组织在阵地建设、项目筹划、资源整合、力量调配等方面的协作联动；进一步完善基层党建带工建工作制度，并与城市街道、社区区域化党建工作有机结合；探索推进工青妇等群团综合服务阵地建设，统筹力量资源，优化整合功能，搭建统一平台，提升服务水平。

工会改革是一项政治任务，也是一项系统工程。只有准确把握职工群众工作的特点和规律，把正改革方向，科学系统谋划，稳扎稳打推进，才能够实现工会改革的预期目标，为工运事业创新发展注入强大动力。